AQUARIUS

AQUARIUS

AQUARIUS

AQUARIUS

Catcher

一如《麥田捕手》的主角，
我們站在危險的崖邊，
抓住每一個跑向懸崖的孩子。
Catcher，是對孩子的一生守護。

學習障礙

逃不出的
學習噩夢

王意中 臨床心理師

【推薦序】

孩子學不會沒關係，老師和媽媽陪你換條路走

◎仙女老師余懷瑾（TED講者）

我曾經是公立高中老師，擅長班級經營和課程設計。

我在TED上有一段發人深省的演說，「一堂由老師以身作則的生命教育」。六分鐘的影片，我說了兩個故事，想讓家長和老師明白，大人帶頭做，孩子看著看著才會做。故事裡的主角，恰恰好是身心障礙學生。

學習障礙

——逃不出的學習噩夢

以弱勢學生作為演講的主題，是因為關鍵少數受到重視，才是邁向教育平權之路。經常有學校邀請我主講特教講座，我都聚焦在打造友善的學習氛圍，尊重與包容每一個獨特的個體，也因此結識許多盡心盡力的特教老師。

特教老師跟我分享他們的工作，協助的是學習弱勢的孩子，也說校園中特殊生人數最多的，是學障。這些學生不容易從外觀上判定，智力正常，或在正常程度以上，看起來聰明精靈，能言善道，四肢健全，追趕跑跳，但是課業表現上卻不盡理想，常被認為不夠努力、偷懶散漫。事實上，讀書寫字對他們來說是極大的挑戰。

不曾經歷過學習困境的人，很難體會怎麼有人學不會。也難怪有些老師與家長極為用心，面對孩子始終跳行跳字的閱讀，或者搞不清字體左右邊該如何書寫，對孩子多所責備。這兩種經驗我都有過。孩子學不會的挫折感，曾經在我眼前上演過無數回；家長教不會孩子的無力感，更是日日夜夜讓我揪心。

我的女兒安安，早產，八百多公克，產程缺氧導致腦性麻痺，醫師說她這輩子注定癱瘓。我積極地帶她復健，期望她能夠行動自如；參加認知課程，希望她能夠與外界對話。我心裡早有準備，她就是個學習很慢、很慢、很慢的孩子。

我以為心態上做足了萬全的準備，但行動還是跟不上情緒。六歲前，串珠串不進，半小時一顆也串不進，手指頭不靈活，話講不清楚，我忍不住放聲罵她。接下來的畫面，大家可想而知，安安放聲大哭，更加恐懼學習，得花更多時間安撫。一整天下來，這樣的情節重複不知道多少遍，淚水淹沒了生活，日子過得荒腔走板。

小學一年級，其他孩子們輕鬆地描著ㄅㄆㄇ的習字本，安安怎麼樣就是無法依著簿本上的線條書寫。我抓著她的手練習，再放手讓她自己寫，重複著一樣的動作，仍舊無法依樣畫葫蘆描出線條。不得已，只好拜託老師讓她直接學寫ㄅㄆㄇ，跳過描寫的過程，理由是她不會描。很多人問我：「描字不是比較簡單嗎？怎麼不會描呢？」告知老師安安的狀況，講的次數過多，連我也覺得尷尬。不過，這就是事實。

愈接近就寢時間，作業無法完成，就愈沒有耐心。我不自覺地嗓門愈來愈大，幾近嘶吼，安安愈來愈卑微，就像被縮小燈照到了，縮得小小的。作業一天寫得比一天晚，沒有寫完的時候，我還是一題題地教，明明知道她學不會。就像填鴨，自以為教完了，她抄了答案在習作本上就會了，這不過是自欺欺人。一直到我的班上出現了能力弱勢的身心障礙學生，我學著放慢腳步等他，也為安安的學習帶來契機，「慢慢來，我等你」成了我的經典名言。

當出版社邀請我為王意中老師新書寫推薦序，我義不容辭地允諾了。書裡的許多場景和對話，活脫脫像是記錄著童年的安安。意中老師溫暖而細膩的文字，撫慰了過去的我。更讓我感到激動的是，將有無數在家庭與校園中被忽視或誤判的學障孩子，因為這本書問世而能找到學不會的理由，不需要承受過多的責備與壓力。光想到這裡，我有種普天同慶的快樂。

書中用故事案例，讓大家理解學障孩子所面臨的問題，點出了學障為什麼會被誤解，學障帶來的限制與痛苦，也為親師生鬆綁，教我們如何面對學障生，調整思維。心態轉變就能因材施教，給予彈性，用肯定取代責備。不要被分數框架，孩子換條路走，看看不同的風景也挺好的。

推薦焦慮孩子學習的家長和老師先打開目錄，挑出您想看的章節，您會發現這本書是解藥，意中老師是愛的使者。不管您的孩子是不是學障，當他學習有困惑時，我們能從書中理解他的無奈，也能應用方法陪伴與支持孩子。謝謝老師寫了這麼棒的書嘉惠人間。

【推薦序】

學障生需要的「治療」，和你想的不一樣

◎趙文崇（埔里基督教醫院小兒神經科主治醫師）

引發幼童在進入學齡之後，學習低成就的原因很多，「學習障礙」是原因之一。在醫學界稱為「特殊發展性學習障礙」。

在台灣，學習障礙已成為需要特殊教育協助最多的學生。他們的困難，不像腦性麻痺兒的困難是「非進行性」的「運動」障礙。腦性麻痺兒的傷害是停留在一個時

間點就不再惡化，而嬰幼兒的中樞神經具有很強的可塑性，只要接受適當的復健療育，功能會日漸改善。

學習障礙

——逃不出的學習噩夢

我們關心學習障礙，因為它是外表看不出來的隱性障礙，卻有著慢性病的本質。孩子的核心困難會轉變：嬰幼兒時期，語言的發展呈現遲緩的現象；入學後，學習低成就、習得無助的心理高牆逐漸出現；進入職場、成家立業後，心理的障礙則成為社會溝通很難跨過的門檻。臨床上，我們看到有順利脫困成功的正向案例，也看過失敗的，甚至是以悲劇收場的個案。不過，視這些學障生的成長環境而定，他們日後的學習成長與發展成就，仍有無限的可能。很多的遺憾是可以預先避免的，端看學障生本人、家長、學校與社會，怎樣協助學障生建立自己。內心的自我肯定非常重要！

本書作者詳細觀察學障生在課業上的掙扎與心理的困惑，也看到他們和家庭、老師、同學間的互動中，所產生的誤解和對立。這些都會促成日後孩子社會性正向發展的攔阻。

第一章談到一年級的小學生，必須在短期內學兩套以上的視覺語言。中文學習的不友善，包含意符文字和說話語言彼此的不透明，逼得學障生常常看不懂、不會念、不容易記，或寫不好。本章強調，學習障礙是隱性障礙，外表別人看不出來，內心卻自己知道。學障不是殘障，是門檻，是體質。

第二章談到對系統性符號學習的困難，是一輩子的，不是努力就可以痊癒的。「一分耕耘，一分收獲」、「功不唐捐」、「天下無難事，只怕有心人」……長輩們如此諄諄期許，學障生內心卻不是這樣認為。他們在課業上的成就與投入的努力程度常不相配，事倍功微是常事。

第三章談到了學習障礙學生的學業成績不好，並不是因為他笨，而是教學和評量的管道、所用的工具不適合他。由於成績的低下，學障生常常被同班的同學恥笑，而老師無心的口頭禪「笨蛋」，也常會深深刺傷原已遍體鱗傷的學障生。學障生的讀、寫、算能力雖然有異常，但是社會溝通的認知學習是正常且完整的。學障生有榮辱之感，對環境刺激有趨避之能。對於課業學習上的低成就，他們內心的痛苦實在說不出來。

學習障礙

——逃不出的學習噩夢

第四、五章談到「適性的教育」不是口號，而是真實的解方。學障生對新事物的學習不是不能好，而是需要不同的學習方法。很多異常行為，是反覆經驗失敗、委屈、挫折所產生的異常回應，因此，正確診斷與後續的行為教導及策略介入很重要。不是父母親知道原因就好，不是有適當的特教安置就好，也不是師長包容體諒就好。重要的是，孩子自己要知道、了解自己不同的學習體質。

第六章，作者觀察到所謂「公平性」的問題。每個孩子本來就是不一樣。有人是狀元才，有人是師傅的料子。會讀書的，他們是秀才不出門，能知天下事，不必熬夜就可以有好成績。有些孩子則是師徒制的學習者，從跟隨師父的做法逐漸發揮技巧，有天會青出於藍，更勝於藍。

學障生的學習瓶頸在於時間和空間。他們不是學不會，是學得慢。大部分的學障生是做中學，而非學後做；他們是做事的孩子，不是讀書的孩子。因此，在學校的課業上，基本的學習要慢慢來，快不得；學習評量的空間也要有彈性，值得留意。

「早期診斷，早期治療」、「預防勝於治療」的觀念仍然有效。但我們要思考的是：要治療什麼？要預防什麼？

在學障孩子漫長的生命旅程中，他們所需要的治療是，讓他們明白且接受自己的學習方式與他人不同；預防因對學習體質不同而適應不良，所產生的長期心理障礙。

二〇二一年九月十六日

【寫在前面】

我為學習障礙寫一本書

走進學習障礙孩子的內心世界

我知道自己是個非常敏感的人，也很清楚在人生中，最忌諱被引爆的大地雷就是被誤解，一次觸碰就足夠讓我的內心傷痕累累。所以，實在不敢想像長年以來，反反覆覆、始終處於被誤解狀態的學習障礙（註）孩子，那如同經歷一場又一場無情戰火的內心廢墟，該如何承受。

我不敢想，卻又不能不直視。

是該走進這群孩子內心世界的時候了。

對不起，這本書來晚了。從這本書開始，我們該讓學習障礙孩子合理地被看見與被對待。

寫這本書的用意，是希望成為一本「橋梁書」，將長期以來在教室的角落裡、人群中、分數底下，被冷落、被誤解、被忽略與被不合理對待的學習障礙孩子，藉由寫實的描述手法，觸及他們隱而不為人知的感受。

透過淺顯易懂的方式，讓父母與老師明白，孩子的身心特質與學習歷程究竟是怎麼一回事。避免艱澀、複雜的專業詞彙形成閱讀的高牆，造成閱讀上的理解阻礙，進而錯過協助孩子的黃金時機。

《身心障礙及資賦優異學生鑑定辦法》第十條

本法第三條第九款所稱學習障礙，統稱神經心理功能異常而顯現出注意、記憶、理解、知覺、知覺動作、推理等能力有問題，致在聽、說、讀、寫或算等學習上有顯著困難者；其障礙並非因感官、智能、情緒等障礙因素或文化刺激不足、教學不當等環境因素所直接造成之結果。

前項所定學習障礙，其鑑定基準依下列各款規定：

一、智力正常或在正常程度以上。

二、個人內在能力有顯著差異。

三、聽覺理解、口語表達、識字、閱讀理解、書寫、數學運算等學習表現有顯著困難，且經確定一般教育所提供之介入，仍難有效改善。

從理解「異質性」開始

學習障礙孩子的異質性很大，包括閱讀障礙、書寫障礙與數學障礙。在細膩地瞭解這群孩子之後，讓我們擺脫對孩子的偏見，避免不合理的期待，對孩子產生不必要的誤解與要求。

我們沒有合理地關照與對待這些孩子，在遭受無盡的扭曲、誤解及長期學業低成就的情況下，孩子很容易陷入委屈、沮喪、挫折、無助、焦慮、憂鬱、絕望、逃避、拒絕、放棄、低自尊、低自信及自我傷害等狀態，使得問題更加複雜，情況每況愈下。

父母與老師很容易混淆「學習障礙」、「學習動機低落」與「學業低成就」三者之間的關係。另外有些類型孩子的情況，容易與學習障礙混淆，或者出現共病，我在書中將有詳細說明。

書中，你將發現許多寫實的畫面與身旁的孩子似曾相識，而有所共鳴。這些案例都經過特別的處理。

「神經心理功能」的困擾，造成學習障礙

在超過兩千場次的演講中，最難以詮釋的就是學習障礙，而我常在想現場的聽眾（主要是老師們），他們的需求是什麼。

對於這群孩子來說，選擇適合他們的學習策略，比如調整、修正輸入（例如閱讀）與輸出（例如書寫），會是降低壓力的最主要關鍵。但是這一點很容易與第一線老師相衝突。別的不說，工作量增加，就會讓老師望而卻步。

很現實地，教學現場的老師已經很忙了，假如我告訴老師「你們應該額外再怎麼做……」，大概會讓老師想翻白眼吧，覺得這位心理師實在太不貼心，也太不切實際。

其實，如果父母與老師在心態上願意改變，至少，相信這些孩子並不是故意的，他們確實是在「神經心理功能」上有不為人知的困擾，就能重新看待這群孩子的學習方式，進而做一些些小小的改變。

一本書的力道或許微弱，很容易消失在茫茫書海中，但我相信當你翻開書閱讀，這本書的力道就會逐漸增強。有更多人看見，就有機會讓這群孩子多一些被瞭解的可能，這是我的小小奢望及期待。

目錄

目錄

第二章 學習障礙帶來的限制

第三章 學障孩子的痛苦

目錄

第四章 面對學習障礙的彈性

第五章 方法對了，親師生三贏

目錄

第一章

被誤解的學習障礙

逃不出「重複擦掉」的噩夢
——誰願意重寫、重寫、又重寫

學習障礙孩子的困境

【之一】

擦掉，繼續擦掉……擦了好多次，整個本子都擦破了。重寫，再重寫……但每次寫出來的字都不一樣。志銘也不知哪個字才是正確的，反正這些字都不符合老師的答案。

重寫再擦掉，擦掉又重寫……

每天反覆做著同樣的事，沒完沒了。

實在不想再寫了！志銘焦頭爛額，望著桌上一張又一張塗塗改改的作業、評量和考卷，覺得好像永遠沒有寫完的那一天。

為了完成這些，他挑燈夜戰，甚至半夜睡醒了繼續寫，或是晨起趕工，猛打呵欠；到了學校，早自習時間得補抄，或者下課時，留在教室裡塗塗改改。可是，寫不完就是寫不完。就算在放學之後被老師留下來，或是到課後班，依然寫不完。

志銘花了許多時間，一直改，一直改。好一點的情況是照著抄同學的作業，他才可以稍微輕鬆一點。

不過，即使是一筆一畫地描著寫，速度依然很慢、很慢。

雖然老師勉為其難地接受他照著抄，班上的同學們卻很有意見，強烈地反彈。

「老師，為什麼志銘不能自己寫？為什麼他可以用抄的？」

沒有人喜歡重寫，也沒有人喜歡自己寫好的字被擦掉。然而現實就是志銘沒有辦法像其他人那麼容易地說寫字就寫字，而且寫得正確。

「書寫障礙」如同一種隱性障礙，旁人儘管知道他老是寫錯字，卻不容易發現真正的原因。

學習障礙

——逃不出的學習噩夢

「不要再叫我重寫！不要再叫我擦掉了！」

志銘憤怒又激動地把整張考卷揉掉，反正不管再怎麼寫、再怎麼改，最後就是無法符合大人的期待。

這是一場噩夢，沒完沒了的噩夢。他多想按下暫停鍵，讓這個世界停止轉動。

【之一】

「南清，你寫字的筆順怎麼那麼怪？老師不是教過你嗎？筆畫得按照規矩來，亂寫一通。給我擦掉，重寫。」

「可是老師，我這個字寫對了呀。為什麼要重寫？」南清又被老師糾正，不解地反問。

「我不是告訴你了，你的筆順不對。」

「可是我寫對了呀。」

老師被激起火氣。「你還跟我爭辯。每個字都有它書寫的順序，不然老師花時間教你們筆畫、筆順是在教假的？給我擦掉，重寫！」

南清皺著眉頭，略顯不悅。「可是我這樣寫比較快呀！」

「我是老師欸！你還在那邊囉哩囉嗦，現在馬上給我改掉。」老師的一隻腳已經誤踩到南清的情緒地雷，卻不自知。

南清隱忍著激動，不斷在心中自我提醒：「不能生氣，不能生氣，南清不能生氣。」

雖然心不甘、情不願，仍勉為其難地拿起橡皮擦把字擦掉，接著拿起筆，不管老師如何要求，繼續以自己認定的筆順寫著。

「陳南清，你到底有沒有在聽——」

「啊……！啊……！——」

南清失控了，歇斯底里地大叫，隨手將桌面上的作業、鉛筆和橡皮擦揮到地上、並用力推倒桌子。

「啊……啊……啊……啊……啊……啊……」

南清如此激烈的過度情緒反應，讓老師愣住了。

父母與老師，請別再夾擊孩子了。

你無法想像，要讓有書寫障礙的孩子從腦中提取出文字，有多麼困難。他們不像其他孩子輕易便能寫出正確的字。

有書寫障礙的孩子所面臨的難處是：無法順利提取、順利輸出，許多錯誤便因此一而再、再而三地重複發生。

理解、陪伴與協助學習障礙孩子

釐清書寫錯誤的細節

試著找出孩子錯誤與正確的答題形式。觀察他書寫輸出所呈現的狀況，到底是怎麼一回事。

例如，是上下顛倒、左右相反、部首錯誤、多字、漏字，或是筆畫不對、筆順不對等。這些，都代表孩子在書寫上提取困難。

以「仿寫」與「默寫」鑑別

先讓孩子進行仿寫，觀察他在仿寫的過程中，是否一筆畫、一筆畫地，看一次、抄一次，照著描繪。

另外再觀察換成默寫時，孩子是否就無法正確寫出來。

如果在仿寫的過程中，孩子會漏筆畫，默寫時的錯誤率也高，那麼責罵或其他的處罰方式是沒有作用的。

除了書寫，嘗試其他的替代方法

暫時不執著於書寫，讓孩子透過其他替代方式輸出，例如打字，或者口頭說出來。並同時進一步觀察他回應的正確率是否比書寫高。

先讓孩子有機會將他懂得的答案說出來。不急著馬上要求他正確地書寫與表達，而是以他「能夠順利完成輸出」為首要原則。

請再次提醒自己：孩子不是不認真，也不是笨，而是在書寫輸出上，與其他同齡小孩比較實在不理想。

別讓孩子成為折損的花朵

你可能有疑問：「這孩子還是小學生欸，當然要練習寫字。怎麼可能完全不動筆寫？那以後面對考試、工作，怎麼辦？」

我不否定孩子需要練習寫字，但更積極的做法是讓孩子對於輸出（無論是口說、寫字或打字），絕對要有自信。而最終目的是他能夠透過適合自己的輸出方式，清楚表達內心的想法與感受，或者他所知道的答案。

請善待孩子，讓他有喘息的機會。別強迫孩子一再地陷入自己的弱勢能力中掙扎。這種很難脫困的打擊，沒人受得了。

強迫、激將的方式，只會造成孩子愈來愈挫折，就像折損的花朵一樣。

別再執著於筆順

老師的立意良善，希望孩子透過學習正確筆順，增加寫字的速度及正確率。

不過，值得我們思考與討論的一點是：假設孩子明明寫對了，是否仍然有必要堅持照著筆順寫？

孩子書寫的筆畫順序，雖然與老師的要求或所謂的標準不盡相同，但如果他以自己的方式書寫，能夠達到最好的速度、正確率高、書寫的自信與成就感高，同時也願意寫，那為什麼還需執著於要求筆順？

有時，我們太過於耗費心力在關注這些枝微末節。過度強調寫字的筆順，反而容易讓孩子將注意力停留在順序上，造成寫字卡卡的、不順暢，對於書寫產生排斥、反感與挫折感。

若我們太執著於希望孩子怎麼做，在一般孩子身上或許影響不大，但是對於有書寫障礙的孩子，卻很容易成為他們在輸出過程中，不必要的巨大絆腳石。

最不樂見的是，孩子寫字筆順不符合老師的要求時，被處罰得一寫再寫。

讓我們再度回到文字符號的角色與作用，把它當作一種「溝通的工具」。只要能夠透過文字符號清楚傳達出想法及感受，那就讓孩子以他自己的筆順寫字吧。

隱藏的「自卑感」令人窒息

——不敢告訴別人「我看不懂字」

學習障礙孩子的困境

【之一】

每當被詩莉嘲笑看不懂考試題目，小盟都急切地否認自己沒有問題，大聲反駁：「我當然看得懂。誰看不懂？你才看不懂！」

他無法忍受詩莉的譏諷，覺得非常丟臉。不過，雖然大聲反擊回去，卻心虛地知道，自己是真的看不懂……

這是不能說的祕密。

「我只是不想寫而已啦，怎樣！我就是對讀書沒興趣，那又怎樣？人生又不是只有讀書。像你除了會念書，還會幹麼？」

詩莉回擊：「你根本是在找藉口。看不懂就承認嘛。」

兩人常常你一言、我一語地像死對頭般鬥嘴，小盟被激得惱羞成怒，渾身不舒服，但又不甘示弱。更重要的是，他必須極力隱藏這個祕密。

儘管看不懂字，卻得裝懂，不能讓別人知道自己看不懂文字，否則多丟臉啊。

【之二】

考卷發下來了，同學們開始讀題作答。但面對考卷，小盟只能裝作在讀題目、認真寫答案。

天曉得考卷上寫了什麼。幸好前一天晚上，他想到一個小技巧——他事先背了一些答案，那些答案和題目有沒有關係不是重點，重要的是遇到空格時，他有「答案」能填進去。雖然隔了一個晚上，字的模樣模糊許多，但至少有寫，可以讓老師覺得自己有認真作答。至於結果如何，他不敢想。

學習障礙

——逃不出的學習噩夢

他只能以這種方法充數，用最笨的方式，強迫自己死記。

必須守住「讀不懂字」這個祕密，絕對不能讓別人知道。

因為不懂那些字的意思，他只好把字的模樣背下來，複製、貼上。這必須靠記憶力。有些字在剛開始時稍微懂了，然而時間一久，又忘了。

無論如何，小盟絕對不會承認自己是真的不懂。「不懂」和「不想懂」是兩回事。不想懂，決定在自己；但是不懂，那就真的是不懂了，這讓他有一種被比下去的感覺。

在班上，他常有這種不舒服的感覺。每當考試成績公布，想都不用想，他一定是那個最後一名。

理解、陪伴與協助學習障礙孩子

減輕孩子藏在心裡的羞愧感

讓孩子瞭解每一種情緒都是非常自然的，這很真實，也不需要隱藏。

那分不懂裝懂背後的羞愧感，是孩子心中很真實的感覺。

羞愧感會讓人無地自容，覺得自己沒有價值，換來一連串負面情緒，把自己逼到牆角。漸漸地，愈來愈看不到遠方，空氣愈來愈稀薄，彌漫著一股窒息感，讓人難以呼吸、喘氣。

羞愧感會讓孩子感受到自己在班上無處容身。但我們不需要否定孩子的情緒，認為他不該有羞愧感。

對於學習障礙孩子，我們要做的是陪伴他們走過這段孤單、寂寞、徬徨、茫然的學習歷程。這個過程不容易度過，對孩子而言如此，對父母又何嘗容易。

但我們仍然要試著讓孩子瞭解，雖然現在被卡在牆角，不過，或許轉個彎，往另一個方向思考，前方就會呈現另一片寬廣無垠的視野。

路有很多條、很多方向。當我們背對著牆角，向前展望，以一種全面的方式看待世界，將可跳脫自己視野上的死角，避免被局限在死胡同裡痛苦煎熬。

當我們被困在天空之城裡

韓劇《天空之城》（*Sky Castle*），一部談論韓國教育深受扭曲的神劇，近年風靡韓、台等地。劇情敘述一群居住在聚集高社經地位居民的「天空之城」豪宅中，上流社會的父母們，透過各種手段勾心鬥角、爾虞我詐、明爭暗鬥、相互較勁，汲汲營營，期待孩子能考進首爾大學醫學院，以課業表現、名校學歷來彰顯自己的身分地位，卻忽略、壓抑了孩子們的內心世界，以及他們想要表達的想法與感受。

寫下這段劇情，是期待透過這部戲劇所衍生出來的衝擊，讓我們大人時時提醒自己，面對學習障礙孩子的學業表現，我們需要有合理的對待。

學習障礙

——逃不出的學習噩夢

是期待？還是傷害？

面對孩子的教育、未來與人生，身為父母的我們到底是如何看待？我們所關注、念茲在茲的是什麼？是課業成績、未來成就？還是名利地位、榮華富貴？

我們賦予孩子許多期待，它們可能來自我們自己未竟之事，或是自我心中與他人的比較，或者出於自尊，受他人對自己的評價與看法所影響。

問問自己，我們在追逐什麼？

當自己的狂妄、成就感建立在踐踏別人的自尊，以摧毀他人的自信為樂，如此偏執與扭曲，只會使當事人陷入迷惘而不清明。勾心鬥角，追逐私心與私利，所有的目光，只是為了超越眼前的目標，讓人性處於極致的扭曲狀態。

這一切，究竟是為了孩子的未來？還是自己未顯露的虛榮？

父母果真會傷人？

自傲與自卑的界線，看似涇渭分明，實則虛實交錯而模糊。出身的卑微、對於貧窮的抗拒及低端景況的窒息，孩子會如何看待這一切？當父母心裡生病了，他們的孩子將如何成長？

若父母在教育孩子上有明顯的執念，想要完全掌控孩子的未來，將使得孩子完全失去自我。孩子並非父母手中的棋子，更不是人生未竟之事的替代品。假如病態的親子關係日復一日，孩子的未來離毀滅將不遠。

愛，錯了方向？

為人父母的我們，是否愛錯了方向、愛得太一廂情願？是否這分親子之愛已經變質，我們卻不自知？

學習障礙

——逃不出的學習噩夢

我們喜歡的孩子，到底是考上第一名、讀明星學校，飛黃騰達、光宗耀祖的孩子？還是很單純地就只是我們眼前的這個孩子？

這一切，到底是大人為了滿足無盡虛榮？或僅是填補自己的匱乏與不足？我們是否因此漠視了孩子在成長過程中，其他彌足珍貴的人生體驗？

孩子不說的隱憂

孩子不說，不表示孩子沒事。

最怕的就是孩子心裡面有話，卻無人可說，甚至是不敢對我們說。

這個「不敢」，告訴我們什麼訊息？

是我們根本不願意傾聽？還是在孩子的人生規劃中，一切是以父母說了算？

我們認為自己一切的安排都是為了孩子好，然而，我們實在需要仔細地思考：這麼做的目的，到底是為了自己？還是為了孩子？

每個父母都需要瞭解孩子的實際能力與需求。幫助孩子放對位置，發展他的長才。

孩子並不是爸媽的複製品

為何孩子常常想要迎合大人的期待？我們是否允許孩子有屬於自己的想法？當孩子過度在乎父母的反應及肯定，很可能在不知不覺中，失去肯定自我與探索自我的機會。

父母的想法可以作為孩子的參考，但不應該成為孩子的框架，限制孩子成長的任何可能性。父母所在乎的事，並不等同於孩子的需要。

成績重不重要？或許它給了孩子多一些選擇的機會，但孩子的人生不應該只是孤注一擲，或目光如豆地僅僅盯住那金字塔的頂端。

人生，所為何事？世界何其大，許多人卻目光狹隘地汲汲營營於權勢、名利、地位與財富，空有外在的榮華富貴，內心世界漸漸變得貧瘠不堪。

我們必須自省，是否把孩子當成了目的、手段，或是手中象徵虛榮的棋子。我們該停下來，自我覺察對待孩子教育方式的適切性。

別再讓學習障礙的孩子被困在地獄之窖裡。

「無所謂」是一種自我放棄
——內心遍體鱗傷，卻無力修復

學習障礙孩子的困境

「我無所謂了。你們要怎麼考，就怎麼考吧。」

「不管我多努力準備，或者你們要怎麼責罵、處罰，這一切，我都無所謂了。」

「其實不用考試，結果就已經出來了。不管是平時考、隨堂考、期中考，還是期末考，結果都一樣。無所謂，真的無所謂了。」

對於分數，欣苡早就沒什麼感覺。

讓我們想像一下，若一個人長期處於成績不及格的低空狀態，這種末端的人生，孩子還能有什麼樣的感覺？

他們會開始告訴自己：「別再強求」、「無所謂了」……

但是，就怕父母和老師不死心，繼續要求這樣的孩子「再努力一點」。

「你們不用再浪費時間在我的功課上，我很清楚自己的斤兩。你們也不要太天真地期待我會考試及格，更別想什麼班排前三、校排前五。這真是天大的笑話，不可能的！在我的世界裡，永遠不會有這種成績。我看你們還是死心算了。」

欣苡自我放棄了。

是心死吧。這麼多年來，她的心已被一次又一次的批評、挫折刺得遍體鱗傷。不痛，因為心已經沒感覺。或許這是一種解脫？只要不再有任何自我期待，別人也不必在她身上浪費時間。

欣苡很清楚，自己根本達不到大人的期望值。但是爸媽依然不死心，不斷打聽著哪一間補習班、哪一位家教老師能讓女兒的成績突破谷底、往上攀升。

欣苡很想說：「爸爸、媽媽、老師，你們別再白花力氣，就讓一切停留在這種狀態吧。在班上，總得有個人犧牲嘛。沒有人在最底下，怎麼可能有同學的成績往上墊高呢？」

理解、陪伴與協助學習障礙孩子

大人合理期待，孩子才不致自信崩盤

家長與老師們難免對孩子有所期待，但是在目標的設定上，我們必須考慮孩子「實際的身心特質及需求」。

過度的、不合理的期待，只會徒增孩子不必要的壓力。

大人對於期待的設定很簡單，儘管開口要求分數就好。然而，孩子若要滿足與達到父母、老師的期待，卻不是只用說的那麼容易。

身為大人的我們不是要放棄對孩子的期待，而是必須針對孩子的個別身心特質，重新調整並修正努力的目標與方向的「合理性」。

釐清孩子的關鍵障礙點

要釐清閱讀障礙的情況，必須先分辨孩子的困難處是在識字，還是理解。也有些孩子身上同時存有這兩個問題。

有的孩子對於文字的解讀、辨識有障礙，在輸入過程中，無法正確辨識文字，縱使花了許多時間想要認真閱讀，可是在基本的聲韻覺識（能夠覺察、辨識每個語詞都包含更小單位的語音結構的能力）就出現問題，無法順利辨識音節（由一個或幾個音素所組成的語音單位，例如cat）、音素（最小的語音單位，例如／c／－／a／－／t／），更別提對於整段文章的理解程度。閱讀走走停停，一知半解地似懂非懂，甚至無法辨識而不知所以。

若是在輸入方面有困難，那麼要透過輸出（提取）來寫考卷、評量與作業，達到大人要求的標準及期待，對孩子來說當然更困難。

請看見孩子好努力，卻使不上力的無奈

想像一下：當孩子像一棟已開始龜裂、傾斜的房子，眼看就快倒了，你會想辦

學習障礙

——逃不出的學習噩夢

法鞏固與支撐他？抑或只是在一旁繼續批評、責罵，用力地推他一把，讓他就此傾斜、崩塌，灰飛煙滅？

學習障礙孩子的自尊與自信岌岌可危。他們長久以來遭受挫折，被父母、老師、身旁同學們的酸言酸語所侵蝕，這些孩子的自尊、自信滿是空洞。

這種情況，沒有人受得了，也沒有人想一直承受。孩子的心真的好累，不知該如何再撐下去。

現實生活中，如果學習障礙孩子身邊沒有人願意拉他一把，沒有人願意瞭解他，那是何等的孤單、寂寞與委屈。那是我們無法想像的遍體鱗傷。

每一次考試、每一份作業與評量，對孩子都有如嚴刑拷打。

這些孩子不只身體累，心也倦了。然而，在分數至上的教室裡，又有誰在乎他們心裡的挫折感？

我們一味地要求孩子努力、更努力，卻沒看見他們那股使不上力的無奈。

不需同情，只要「同理」

學習障礙的孩子需要的不是同情，而是身旁的人能夠試著感受他那種「想要學卻學不來」的痛苦，即使只懂得百分之一也好。

眼看同學們都表現得比自己好，他們欽羨同學都能夠自然地學習，也實在無法理解，為何這對自己來說卻那麼困難。

長期遭受誤解折磨的學習障礙孩子是在硬撐，他們的內心世界痛苦又無奈。就像每天都在黑洞裡，懊惱、難過，沒有人理解他的內在感受。這樣的日子實在是夠了，太累人。

家有學習障礙孩子，大人也辛苦。若家長不得要領，不知道該從何種層面切入幫助孩子，長久下來不懂孩子累，父母也累了。

而在學校，你是這樣的老師嗎——願意瞭解一個學習成就長期不理想的孩子，他的困難點到底是什麼。你會想要理解他嗎？如果你願意，真的感謝你。

讓孩子感受到「身旁有大人懂我」

如果父母與老師能夠清楚地瞭解閱讀障礙、書寫障礙、數學障礙等，學習障礙孩子的確切問題，並且合理地看待，至少有助於減少這些孩子被莫名取笑的狀況，以減少他們內心不必要的壓力。

學習障礙

——逃不出的學習噩夢

我們可以更進一步地，協助釐清孩子的認知學習歷程，找出每個人的學習特質，並量身訂作各自適合的學習方法。透過陪伴與支持，讓學習障礙孩子感受到身旁有大人懂他，而非一味地批評他做不好。這對孩子來說非常重要。

每個孩子都有自己的優勢能力，關鍵在於我們如何讓這些能力被發掘、被看見，同時給予支持，而不是只丟出「會這些能力幹麼」的酸話。

我們很容易把焦點擺在課業上。可是換個角度想，若每個小孩都只懂得國語、數學、英文、社會、自然等學科，那麼在每個人之間也就缺少區辨性。

不可否認，學科有其必要性與重要性，但絕對不是唯一的指標。成績好，固然將來選擇學校的機會相對較多，不過，為了避免只盲目地追求與大家相同的表現水準，我們必須停下來，認真地正視這一點：每個人都擁有自己獨一無二的能力。

當我們能夠開放地接受每個人的不一樣，也就比較能夠接納孩子的各種特質。

想像一下：你走進一座森林，面對環繞四周的樹木，請你仔細地端詳眼前這些看似一樣、實則不同的每棵樹。不需要比較，每一棵樹都有各自的特性，重點在於我們如何欣賞眼前這些樹。

面對孩子，也是一樣。

「寫了就忘」的不斷折磨
——誰能理解書寫障礙的掙扎與矛盾

學習障礙孩子的困境

「考試時間都快結束了，你怎麼還沒動筆作答？」老師問俊浩。

安靜的教室裡，全班學生對著考卷振筆疾書，老師巡視到俊浩的座位時，卻發現他的答案紙上有一大片空白。

俊浩眼神空洞，茫然地望著老師，一言不語。

「你再不寫，別怪我打零分。」

學習障礙

——逃不出的學習噩夢

鐘聲響起，考試時間到了。「同學們，把考卷由後往前收過來。」

老師再也無法忍受俊浩失魂般的反應，走到他旁邊，用力將考卷扯過來。「你在搞什麼鬼！回家不認真複習，竟然空這麼多題沒寫。後果你自己負責！」

俊浩心想，「我到底要負什麼責任？我有什麼辦法？」

老師心裡很無奈。該罵的罵了，該處罰的罰了，並且認真地督促俊浩訂正，可是每次他交出來的考卷和作業，不是錯字，就是空白。

回到家裡，爸媽也一籌莫展。他們送俊浩去安親班加強、請家教補強，老師們也覺得奇怪，為什麼孩子在口頭上的表現沒什麼問題，卻沒有辦法順利地書寫？

有書寫障礙的孩子，正是在文字的輸出上明顯有困難。

儘管一次又一次地練習書寫，然而每當要默寫，依然連一個字也寫不出來。即使透過仿寫、仿抄，勉強可以交出作業，但是沒過多久就忘了那些字該怎麼寫……文字與書寫障礙孩子的關係，實在是緣淺。

這種「寫了就忘」的惡性循環，讓俊浩痛苦得想放棄寫字。

「我不想再寫。別再叫我寫字了！」每次要動筆前，就像有一塊落石坍塌在眼前，讓他動彈不得。

他只能對自己生氣。「為什麼我這麼糟糕？就只是一些字而已，有這麼難嗎？別人都可以，我怎麼那麼爛！」

俊浩捶著頭，非常懊惱。他不怪別人，只怪自己：一定是自己不夠認真、不夠努力。

偏偏腦袋裡有另外一個聲音告訴自己：「俊浩，饒過自己吧！你已經付出很多，你盡力了。你比別人花更多時間在功課上，很認真、很努力。可以了。」

心裡的兩個聲音不斷在拉扯，俊浩感到掙扎又矛盾，好累。其實無論如何天人交戰，結局都一樣：他就是不會寫字。最多是讓自己覺得比較好過。

時時刻刻如天塌下來般的寫字壓力，這種沒完沒了的折磨讓俊浩快承受不住。

「到底該怎麼辦？到底該怎麼辦？到底該怎麼辦呢？」他無止境地自問自答，卻沒有答案浮現。

理解、陪伴與協助學習障礙孩子

欣賞孩子有不同的美好

你可以接受生命中有不同的事物。你想要看許多不同的風景，這些事物的多元滿足了你的好奇心。你心裡的嚮往，也讓眼前的事物變得更豐富。你想要四處多走、多看。

對待孩子，也請如此發揮好奇心，並且敞開心瞭解孩子的態度與動機，拋開批判和先入為主的刻板印象，拿掉不以為然的想法。

別再只注意孩子的缺點、限制與弱點。

協助孩子重新建構「自我概念」

長年在學習上的挫折，很容易讓學習障礙孩子產生強烈的自我否定與習得無助感，對於自尊、自信和自我的印象變得模糊、扭曲。我們需要重新建構孩子合理且完整的自我概念。

自我概念的組成，不單純來自孩子的課業。試著讓孩子瞭解，包括他的外表、能力、興趣、他所認識的朋友、自己及別人對自我的評價等，這些都是形成自我概念的重要內涵。引導孩子一起針對自我概念的成分，進行不同權重的加權以及排列組合，以較為周延與全面的觀點看待自己，而避免把課業成績視為最重要或唯一的成分。

帶領一般生瞭解學障同學

一般的孩子，需要正視自己是如何對待身邊的特殊需求同學們。

在班上，老師可以做個籤筒，籤上寫的是各種不同身心特質孩子的診斷名稱，例如亞斯伯格症、學習障礙、注意力缺陷過動症、妥瑞症或選擇性緘默症等。讓同學們抽籤，接著想像自己就是手中那支籤所寫的當事人，並針對這些診斷（例如學習障礙）進行自我表達的陳述。

孩子可能會反映：「老師，我不知道要說什麼。」「老師，我不會演。」「老師，我不懂學障是什麼意思。」

這些回應，顯示孩子們並不瞭解身旁特殊需求的同學。但也正因為不瞭解，而不應該嘲笑和批評，否則只是顯現自己的無知。

也因為不瞭解，我們才更需要花時間試著感受，願意試著認識他——這是我長期以來的小小期許。

當同學們對於學習障礙孩子冷嘲熱諷，請嚴肅地問他們：「這有什麼好笑的？你們在笑什麼？」

孩子們必須要學會覺察在評論、解釋周遭人、事、物時，自己的起心動念及用意到底是什麼。同時也必須覺察自己的不當言語，可能為他人帶來內心不可逆的傷害，與自己必須承擔的後果。

讓一般生親身體會學障的難處

這些隱性的，亦即從行為、外表上不容易辨識出的學習障礙孩子們，在學習歷程中，到底遭遇了什麼樣的困難？

請班上同學們做一項練習：拿出一張紙，上面寫有滿滿的文字，快速地秒閃過孩子眼前，隨後要孩子試著把這些字寫下來。

同學們會告訴你：「老師，我記不起來。」「老師，我想再看一次！」「閃得那麼快，我怎麼知道上面寫什麼。」

道理就在此：由於記不起來，所以無法提取。學習障礙孩子所體會的，就是與此相同的經驗。

大人如何看待，決定了孩子的視角

沒有人是相同的。我要再次強調：大人如何看待學習障礙孩子，我們所培養、教導出來的班上同學們，也就會如何看待他。

當你對於身旁的學習障礙孩子會心一笑，其他同學自然也耳濡目染。若你選擇鄙視而繞路走開，班上同學也會馬上複製，避之惟恐不及。

我們怎麼做，孩子就怎麼學。我們的心有多開放，也影響了孩子的心能有多寬容。這個世界的美好，正是因為存在著許多「不同」。

不同，沒有所謂的絕對好壞。

接受不同、看見彼此的有限，我們更能夠感受到世界上各種美好的存在。

讓孩子思考：「你怎麼看自己？」

有一首童謠是這樣唱的，「大頭大頭，下雨不愁，人家有傘，我有大頭。」只不過，自己一旦突然變成大頭，就實在頭大。

當發現自己跟別人不一樣，煩惱也隨之而來。主要是他人的異樣眼光讓自己感到渾身不自在。但，不一樣，又怎樣？

我們很容易把沒見過的事物當成異樣，卻沒有發覺自己只把目光放在特定事物上，並且賦予它負面的解讀。

不一樣，讓這個世界產生許多變化。不一樣，讓我們看見這世界的豐富。不一樣，讓我們敞開心胸，接納各種不同的聲音與存在。

在此分享一本繪本《不一樣，也很棒》（*Le Prof à la grosse tête*，采實文化出版），有助於引導學習障礙孩子看見自己也可以很棒。

生命會找到自己的出路

在電影《侏儸紀公園》（*Jurassic Park*，一九九三）中，有一句經典台詞：

「生命會找到自己的出路。」（Life will find its way out.）這個信念，很適合傳遞給學習障礙孩子。看似雞湯的一句話，卻擁抱一線希望與光亮，這是身為人最基本的嚮往。特別是孩子生命中的重要他人——父母與老師，需要對他有信心。

「活在這個世界上，到底有什麼用？別人都做得到，為什麼偏偏就只有我沒辦法？」孩子心灰意冷，留下長長淚痕，心裡很無奈，卻又不能如何。

其實，萬事萬物都有其限制，大自然也一樣。狗能在地上跑、地上跳、水裡游，但是要在天上飛就太困難，也沒有必要。

孩子必須要調整想法，接受「每個人都有自己的限制」，並且有合理的認知，才不致出現過於負面的批評、指責。

重點是，我們如何協助孩子學習「合理地思考」。

我們可以先讓孩子列出各種解釋的方式，就像刷油漆一樣，一道又一道地層層疊加上去。當想法又褪色，其他的灰色想法再度浮現，沒關係，再讓孩子腦力激盪地思考，再刷上不同的顏色。這個方法能幫助孩子瞭解即使是同樣一件事，也常常有不同的解釋角度。

不同的解釋與思考，會帶來不同的心情和感受，但我們可以練習給自己比較合理的解釋，善待自己，這是不變的道理。

有苦自己吞的「隱性」特殊生

——表面看不出的閱讀障礙

學習障礙孩子的困境

「別開玩笑了，玉玲怎麼會有學習障礙問題呢？」導師有些不以為然，「她在班上的表現雖非頂尖，但成績算是中上。為什麼要強調她有什麼樣的障礙？現在的父母實在太會幫孩子爭取福利。如果玉玲有障礙，那班上分數落在她後面的同學，不就個個都有障礙？」

玉玲的母親回應：「老師，玉玲真的有閱讀上的困難。她每次在閱讀時都很吃力，閱讀速度確實很慢，而且大都是猜上下文的意思。」

「那也夠厲害的。如果用猜的都能猜出這些分數，我實在很佩服她。」老師酸溜溜地說。

問題就在這。女兒在文字解讀上明明真的有困難，但她不知該如何說服老師。

「玉玲媽媽，不是我要說，你們怎麼知道她有什麼困難？連我這個教書教到快退休的老師都看不出來，難道你們比我還厲害？不要再幫孩子找一大堆理由。她的成績已經算好了。別再想要什麼不勞而獲的特殊權利，這對其他同學不公平。」

老師這麼一說，媽媽不知道該如何接下去。

其實，一開始聽到玉玲說「字會跳來跳去」，他們夫妻倆也心存疑問。「哪有什麼字跳來跳去？開玩笑，我就看不出什麼叫做字在跳，還有什麼字飄浮上來。」

身為父母的他們，最初也像老師一樣，心想女兒怎麼掰得出這樣的藉口。可是後來想想，孩子實在沒有理由、也沒有必要這麼講。

她真的很努力。然而「閱讀」對她來說，實在是很吃力。

理解、陪伴與協助學習障礙孩子

分析孩子考卷的「得分」與「失分」

請先將批評、指責與謾罵，統統按下刪除鍵。因為這些無濟於事，只會讓孩子愈來愈討厭學習，甚至產生反彈，與學習的距離更加遙遠。

讓我們一起好好地、仔細地，解讀孩子在考試、作業和評量上的表現。先確定孩子表現好的是哪個科目，這樣至少有助於讓孩子深信自己在國語、數學、英文、社會或自然等特定科目上，有「相對理想」的表現。

再次提醒：這裡的「相對」，是孩子與自己的各科表現相比較。或許孩子最理想的表現，與其他同學相較還是落後，但先不管別人。

舉例來說，國語拿到七十分，雖然在班上排名墊底，但不重要。只需要試著分析這七十分的得分、扣分分別來自哪些題型。

分析得分與失分，有助於讓我們更加瞭解孩子在輸出、提取過程中的認知學習傾向。因為不同的題型，所要求的能力不盡相同。

例如閱讀測驗的題型，孩子的讀題速度相對緩慢，在解析詞彙、句型時，往往費時較久。好不容易把前面的題目看完了，讀到後面，又忘了前面的內容，因而在這種題型上，無法拿到漂亮的分數。

對於這種題型，可以這麼練習：試著先把整篇文章的範圍縮小。假設本來有三段，要孩子先朗讀一段，並觀察孩子辨識字的程度，與「念名」（看到視覺刺激，從長期記憶中提取該詞彙，並且說出來）的速度。

若孩子在朗讀的過程中出現困難，表示他對於字的辨識與理解也很吃力。試著看見問題的核心，比如是否不容易朗讀、辨識某些字。先將這些字抽出來，確認孩子是否能順利地讀出這幾個字。

重點在讓孩子樂意「主動」接近

有些孩子是根據上下文的文章脈絡，理解、猜測與掌握該段文章的意思。那麼，到底需不需要把一個字完全讀懂呢？

若能做到是最好。但是，假如沒有辦法完全讀懂，卻能透過上下文瞭解文章內涵，又何嘗不可？至少孩子願意一步一步地接觸，這也表示他有明顯的學習動機。

沒有人規定閱讀一定要如何進行。重點在於孩子願意主動接近原本非常排斥，甚至自認為沒有能力的學習活動。

只要願意，都是好的開始。

我並不認為每件事都有非得怎麼做不可的方式，而是要回歸原點，思考「閱讀的真正用意」。或許有人認為，有些字若孩子沒有真正瞭解，可能導致會錯意，但這總比孩子完全不想閱讀好吧。

再次確認孩子是否在念名的速度上有困難。接著，一步一步地解析。

有一種情況是孩子能順利把字讀出來，卻不瞭解這些字是什麼意思。這時，不妨試試看另一種方式：把問題用說的（報讀）。由我們發問，讓孩子用「聽」的方式進行輸入，再判斷他能否理解我們所提的問題並作答。

有的孩子能夠讀題，也能理解問題在問什麼，卻不一定知道答案，例如提取不出記憶。所以，請進一步釐清：視覺閱讀理解與聽覺理解，孩子在哪種能力上相對有優勢。

學習障礙孩子的異質性非常大。有些孩子不只出現單一的讀、寫問題，而是有許多問題組合在一起。

誰說「特殊教育學生」是一種標籤

這裡，我想要好好地談談這一點：特殊教育學生的身分，是不是一種標籤？這樣的標籤到底是誰決定的？是孩子自己認定？父母認定？老師認定？周遭同學認定？還是社會大眾所認定？

如果這是一張標籤，那麼，標籤上面寫什麼？所要傳達的訊息與意義，到底是什麼？

例如讓孩子以「學習障礙」或「注意力缺陷過動症」取得特殊教育學生的資格，主要原因是當事人在學校的學習，需考量他的身心特質，並且需要透過特殊教育協助。

若要獲取這些特殊協助，必須經過一連串嚴謹的特殊教育身分資格鑑定。為了讓有限的資源充分運用於有實際需求的學生身上，在鑑定的門檻上，的確需要把關與設限。

這種需求，就像有近視的人需要配戴眼鏡進行矯正，或者是行動不方便的孩子，需要站立架、擺位椅或輪椅、無障礙空間協助學習或移動。

或許是因為近視的人太普遍，一般人很容易認為「近視」不是所謂的標籤，因為許多人都有近視。

但我常在想：為什麼對於比較少數的群體，我們便很自然地視他們為「不一樣」？不一樣，又怎樣？人與人之間，細究之下，誰又和誰一樣？

每個人都有實際需要被協助的地方，只是每個人需要協助的地方不盡相同，需要的資源也不盡相同。

我們很難決定別人如何看待、解釋孩子患有學習障礙的特殊教育學生身分。但是，當家長及周圍的老師們合理地看待孩子的真正需求，以及所需安排的特教資源服務，就有機會慢慢地影響身旁的其他人也合理看待。包括家人、手足，或是班上的同儕，也包括孩子如何看待自己。

父母擔心取得特殊教育學生的身分是一種標籤。但其實旁人對孩子的負面刻板印象，看待孩子的情緒、行為、人際與學習表現的方式，更是無盡揮之不去的標籤。

特殊教育學生的身分是不是一張標籤？在思考這一點的同時，請試著想像在這張標籤紙上，你想要寫下什麼樣的字詞。

孩子需要的，絕對不是同情、不是憐憫，而是合理的理解、合理的對待。

讓我們好好賦予「特殊需求學生」、「特殊教育學生」、「學習障礙」、「情緒行為障礙」、「注意力缺陷過動症」等特殊教育身分，合理與貼切的意義。

第二章

學習障礙帶來的限制

無法言喻的困難
——逃脫不出困局，只好消極應對

學習障礙孩子的困境

「為什麼還不打開課本？都上課多久了，你到底在幹麼？」

對於老師的質問，阿輝連理都不理，因為不管老師怎麼嘮叨，他很清楚就算把課本打開，也是浪費力氣。反正不管他怎麼讀，都看不懂書上那些歪七扭八的字究竟是什麼意思，與其花時間在這上面，把課本闔起來還比較不費力。

老師不斷地數落：「你給我認真點！再這種態度，到時候成績被打不及格，就不要怨人！」

「別人都可以，為什麼我就不行？」

阿輝心裡納悶，摸不著頭緒。為什麼自己就是看不懂這些字？特別是他花了許多時間和心思，可是，看不懂就是看不懂！

既然「字不認識我，我也不認識它」，阿輝只好採取消極的方式應對。

閱讀障礙學生除了被誤解，還是被誤解。沒有人能瞭解在他們的腦中到底發生什麼事，以及內心是如何波濤洶湧。這種有苦難言的感受，又有誰願意瞭解？

理解、陪伴與協助學習障礙孩子

讓孩子感覺到被善意對待

在傳統教育裡，文字閱讀是孩子們主要的學習模式，然而，閱讀障礙孩子對於

學習障礙

——逃不出的學習噩夢

文字的辨識、認識、理解、分析、記憶與處理等方面，卻是有困難的。

眼前這些符號似懂非懂，或是大部分的字認得出來、也讀得出來，但是整個拼湊起來，對句子的意思就不知所云，完全掌握不到這些「符號」想要傳達的意涵。

就像面對滿天星斗，看見很多星星，但是不知道這些星星到底叫什麼名字，也抓不到星星，更無法瞭解它們的意思。

當孩子在文字辨識上出現困難，便需要透過其他方式，例如以聽覺、影像或實際動手操作、體驗的方式輔助。

許多老師習慣於既有的教學模式，要透過不同的教案、教材進行，或是改變與調整教學策略，在時間、心思與心力等考量，的確是額外的付出與負擔。

不過，若我們在心態上能接受孩子需要另外一種學習管道，相信對孩子來講，就會感覺到被支持與被接納。

建議透過特殊教育老師（例如資源班老師），加以普通班老師與家長的配合，**針對孩子的學習模式、輸入方式，找出符合孩子的最佳輸入形式，給予最適合他的方法。**

請瞭解，孩子並不是故意的，他也不想讓自己陷入學習困境。他多麼羨慕、也期待能夠像其他人一樣順利地閱讀，但現實是根本有如緣木求魚。

當孩子感覺到被善意地對待、被接納與理解，心裡會舒服許多。

每個孩子有不同的學習模式與歷程

閱讀障礙孩子就像獨自落入深谷中，迷路了，大聲吶喊卻沒有任何人聽見。那種求助無門的沮喪、心灰意冷而想要放棄的念頭，讓這些孩子陷入黑暗的山洞裡，無人知曉。

就算向身旁的大人求助、訴說困境，大人也一時無法理解孩子的問題，只看到不符合期待的結果。

其實，每個孩子各有不同的學習模式與歷程，沒有一顆腦袋是一模一樣的。請尊重每個人在學習過程中的不一樣。

幫孩子捍衛應有的權利

學習障礙孩子的困境是，大人僅從表象解讀學習動機，不斷地對他們有許多指

學習障礙

——逃不出的學習噩夢

責與批評，而這些不被理解、甚至被誤解的孩子，沒有能力反駁。

「我怎麼反駁？成績攤開就是那麼難看。我拿不出證據來證明自己的努力。」

我們需要幫孩子捍衛應有的權利，以及讓周圍的人聆聽他們的聲音。沒有人想要被誤解，而且是長期地誤解。

「無助感」將糾纏著孩子整個人生

除了誤解之外，加諸在孩子身上的是無盡的要求。

「你們對我的要求已經超出我的能力範圍，很困難，我學不來。我一直無法攀越那道高牆，很無奈，但也很現實。周圍的人不會管我，因為同學們早就翻越那座高牆，繼續循著大人的期待，往該有的學業目標前進。」

學習障礙孩子就像躲在牆角哭泣，感到無力，也喪失翻越這堵牆的意願，逐漸浮現無助感。

「算了，算了，算了。」

我們是否考慮過，如此的無助感，對孩子整個生命歷程的影響是多麼長遠？

你我可能都是加害者，無盡地把不合理的要求重重加諸於孩子，使他喘不過氣，在牆角奄奄一息。

別再成為加害者，饒過孩子吧

我們只是告訴孩子「你要再努力、再加油」，卻忽略他其實已經花許多時間與心思在課業上。無奈的是，他真的有學習困難。

當孩子在閱讀上有困難，想當然耳，我們會多花時間改善他的閱讀能力；有書寫困難，就改善書寫能力；若是有數學的困難，就想辦法提升數學能力……這樣的期許是可以理解的。

不過，儘管每個人的障礙程度不盡相同，但是學習障礙孩子要提升讀、寫方面的能力，實務上真的有難度。

我們必須轉個彎、換個方式思考，相信孩子能找到符合他的學習策略及方式，在學習上有收穫。

閱讀障礙孩子很難告訴周圍的人，自己的腦袋裡到底發生什麼事。旁人也往往

學習障礙

——逃不出的學習噩夢

因為很難理解、無法想像，便直覺地認為都是因為沒有把時間花在閱讀上。「讀不來？那就花時間讀啊！」說來容易，卻與現實不符。

我們很容易忽略孩子的狀況，對孩子產生誤解，讓孩子愈來愈挫折、退縮、排斥、反感與無奈。一旦被認定不認真、不努力，產生誤解，孩子也自然會認為「自己就是那麼糟糕」。如果再加上父母與老師的否定，更會加深孩子對自己的放棄，覺得「反正不管我怎麼學，就是學不來」。

「習得無助感」很容易在這群孩子身上出現，最後對學習產生明顯的排斥。

孩子很想反駁、吶喊：「不要再罵我了！我已經非常努力。我還能怎麼辦？難道我想要如此嗎？」

「為什麼別人可以，我不行？」這是許多孩子心裡面的納悶。

用罵的，只會引發反效果

我們不要只是一味地責罵孩子，應該試著瞭解問題的真正核心。

學習障礙孩子往往因為表現不符合大人的期待，而遭到責難。事實上，用責罵的不僅一點作用也沒有，而且會引發反效果。

對於孩子的學業低成就，為什麼我們總習慣用責罵的方式處理？難道以為罵孩子，他的腦袋就會變靈通，馬上能夠解題？還是天真地認為孩子會因怕被罵，自然就發憤圖強？

當然，絕對不會如此。

先天伴隨學習障礙的孩子，在生理狀態上是很難改變的。

「我沒興趣」這句話，背後的真正意涵

舉數學為例，並不是每個人都有理想的數學表現。以我而言，數字運算比較容易，然而只要陷入圖形、空間運算與判斷，就相對困難。例如一旦遇到圓柱體、圓錐體或立體方塊，我的腦筋就如同陷入迷宮，打結了。

很無奈的是從小學、國中至高中，都有數學這一科，想躲也躲不掉。理組學生進大學也會遇上。

有些孩子沒有辦法理解數學的相關概念與文字，例如體積、容積、表面積、圓錐體、圓柱體等，或者無法理解四則運算的加、減、乘、除符號，而在加減運算的過程中出問題。

因此，當孩子說「我對數學沒興趣」時，除了沒興趣之外，我們也要思考他是否缺乏數學方面的能力。若具備某項科目的能力，自然比較容易產生興趣。當孩子沒興趣再加上沒能力，但又不得不做練習，可以理解他有多麼吃力。

這時，我們要抽絲剝繭地找出孩子的數學困難點。例如一份數學考卷，可以分析的有：

- **四則運算**↓觀察答案的比例分配；若答對的較多，表示拿分相對容易。
- **填充題**↓需要背誦、記憶，驗收的是記憶的提取能力。
- **連連看題型**↓除了讀懂題目，還有猜題的運氣。
- **應用題**↓得讀懂題意，若閱讀理解有困難則很難作答，被扣的分數就偏高。

一步步地抽絲剝繭，相信最終可以找到孩子的困難點。

仔細地解讀每一張考卷、評量與作業中，孩子的應答狀態，或許就有機會進一步釐清實際的學習狀況，一步一步地解決。

降低考題難度，讓孩子覺得「我也做得到」

為了提升孩子學習數學的興趣及自信，比較貼心的老師偶爾會來個大放送，在小考中刻意降低試題的難度。例如單純以四則運算出題，讓原本數學落後的孩子有機會獲得較好的成績，也許八、九十分，甚至，拿到人生的第一桶金——一百分。

這個經驗對孩子來說很重要。先讓孩子有一種「我也有能力」的感覺，燃起他對該學科的接觸動機。

寬容自己的不完美

學習障礙孩子很容易以偏概全，全盤地自我否定，而造成所有的學習都停擺，連帶自尊、自信、學習動機與學習欲望也崩盤。

我們需要教孩子給自己一個「寬容值」，至少在面對限制時，不至於完全否定自己。

「至少我在某方面也具備一定的能力」，以這樣的概念打好地基，再讓孩子慢慢地接受每個人都有其限制與不完美的地方，你有、我有、他們也有，這很自然。

無能為力的挫折
——孤立無援，讓人徹夜難眠

學習障礙孩子的困境

姝妤失眠了。她在床上翻來覆去，滿腦子想著隔天起來，還是得重複聽不懂、看不懂和寫不出字的校園生活。想著想著就睡不著。

天亮了，她的精神好差，而且不想上學。到學校能幹麼？去了也只是被嘲笑，像個傻瓜似的坐在教室裡發呆。

姝妤像這樣失眠好一陣子了。她根本睡不著，一直在擔心隔天早上把作業交出去時，老師的反應。

不交作業，只會被老師責罵，「你怎麼又沒寫作業。」所以，她巴不得把作業藏起來，至少不會被老師和同學嘲笑：「怎麼這麼笨，那麼簡單的作業都不會。連這幾個簡單的字都不會寫。」

姝妤每次都找藉口說：「作業放在家裡了，忘記帶。」直到再也拖欠不下去了，她只好交出作業，一翻開，還是空著沒寫。

幾次之後，老師明白姝妤是在撒謊，對她說：「你不會寫就說不會，別老是跟我說寫好了，可是放在家裡。要是再這樣，我馬上請你爸媽把家裡的作業拍照傳給我。」

姝妤寫字很慢，因為她抓不到字的模樣，很難下筆。

儘管想了又想，絞盡腦汁，但這些字就是沒有辦法順利地浮現於腦海，並且讓她寫下來。

「我真的受不了，不想再寫了！有誰可以救救我？」

有幾次，姝妤把這句心裡的吶喊說出來，但總是被爸媽堵回來。「你抱怨什麼？自己不認真，還怪東怪西的。」

爸媽愈這麼講，愈讓她感到在這世上孤立無援。

這一晚，姝妤又在床上翻來覆去，徹夜難眠。

理解、陪伴與協助學習障礙孩子

每當被要求重寫，挫折感又增加了

有些字，我雖然常常使用，但因為太久沒有用手寫，儘管認得，卻沒有辦法順利寫出來而常寫錯。例如推薦人的「薦」字，由於經常有出版社邀約推薦，以電腦或手機回覆時，我會按照SOP，將回覆複製、貼上，也就少了動筆書寫的機會。

但我覺得沒關係，「薦」這個字，看得懂就可以，因為前後分別有「推」和「人」這兩個字。

然而，我們卻不允許孩子這麼做，總是在考卷、作業和評量上，將錯字圈起來，並要求重寫。對於書寫障礙孩子來說，每當被要求重寫，挫折感便又增加。

這些挫折感在內心裡累積著，使他們愈來愈自我厭惡，恨自己太糟糕、太差勁。不斷地自問：「別人都可以做得好，為什麼我老是做不到？」

轉換一下，走出死胡同

有些孩子，只能把「抱怨」當作情緒出口。明知抱怨沒有辦法解決問題，但就是忍不住，因為如果連這個出口都沒有，實在不知道該怎麼辦。

這樣的日子沒完沒了，過了今天，明天依然重複。有如在黑夜裡走進隧道，路途無盡漫長，永遠看不到隧道盡頭的那道光。走進這條隧道，等於走進死胡同，根本跨不出去，死路一條。

當學習障礙孩子吶喊：「我真的寫不下、也讀不下了！」不妨鼓勵孩子，暫時拋下書本，做個深呼吸、伸伸懶腰，將眼前的挫折拋在一旁，出去走走吧。

轉換一下，走出死胡同，先避免在原地繞圈圈。有時，「卡住」的感覺會讓思緒一直跳脫不出來，使人愈來愈沮喪，學習成效也大打折扣。

先出門走一走吧！跳脫一下，讓腦袋重新開機，再靜下來想想自己在學習上遇到什麼問題。

至於要走到什麼樣的程度？就以腦袋能再思考別的事情為原則。

從觀看紀錄片開始，引導孩子「說說看」

建議爸媽和老師讓學習障礙、注意力缺陷症、妥瑞症等孩子，觀看紀錄片，瞭解當事人如何表達自己的障礙、特質與內在的感受，有助於孩子更深刻地瞭解及體會自己的特質。

如果孩子可以將自己有別於他人的特殊學習歷程、腦中的情況，清清楚楚地描述出來，也能幫助父母與老師更瞭解他。

◎引導孩子「說說看」

先拋開訴說這些困擾時，可能引發的羞愧感或罪惡感，讓孩子試著瞭解每個人都有各自的限制，這沒有絕對的好或壞。關鍵在於我們如何找到跳脫這些限制的方式，或者只是繞個路，選擇別的方式替代。

例如：「我真的記不住這些字的符號。這些符號就像喝醉酒一樣，到處搖搖晃晃。有時這些字的形狀會變得立體、扭曲、變形或消失，有時又會到處飄浮、跳動。我不認得它，它也不認得我，但我沒辦法，常常得看到它們。可是看來看去，依然不清楚這些字的模樣。」

有時，雖然能辨識或念得出來，卻無法瞭解這些字是什麼意義。非常建議大家引導孩子，大聲說出自己在學習歷程上的困難處。

◎被瞭解、被認識與被接納，是很難得的經驗

要讓孩子感受到這份瞭解、認識和接納，需要花許多時間與心力。更重要的是，孩子自己必須有「想要知道」與「認識對方」的動機。

在許多紀錄片中，可以看到一些兒童、青少年將切身經驗具體地描繪出來，包括自己的限制與特質等。這也是為什麼要讓孩子看這些紀錄片，我們可以藉此幫助孩子漸漸明白：原來有人跟我一樣；原來出現在我身上的問題，並不是只有我遇到，很多人都有這些困擾。

這樣的想法，能帶給孩子豁然開朗的心情：自己不是唯一如此的，不是單獨面對這樣的挫折，原來有一群相同經驗的人共同面臨困難。

這麼做，不是在跟同溫層相互取暖。而是至少在同樣的位置上，大家能相互瞭解、支持，產生共鳴：「我懂你、你瞭解我，原來在這一路上，我們並不孤單。」

無言以對的指責——「多練習，就會了」是風涼話

學習障礙孩子的困境

「令穎，你能不能認真一點？補習班也上了，家教也請了，結果這種題目你還錯，實在是不應該吧。」媽媽看到令穎的考卷，一把火就上來。

「有什麼辦法？我就是記不住。我也想記住啊。誰不想？」

「理由一大堆。為什麼記不起來？多看幾遍不就得了。」

「你講得倒容易。煩死了，看到這些字就令我頭痛，好討厭。不要一直強迫我

記，要記，你們去記啊！煩死了，煩死了，煩死了！你們大人就只會在旁邊念念念。要是那麼容易記，那你們自己來啊。」令穎把壓抑在內心許久的怨氣，劈哩啪啦地一股腦地說出來。

「反正你就是不認真！」

聽到媽媽這麼說，令穎情緒激動。

「我最討厭聽到你們講反正、反正、反正。『反正』我怎麼學，就是學不會！什麼叫做不認真？你們真的覺得我不認真嗎？有誰知道我花了多少時間和心思?!」令穎說著用力把考卷揉成一團，憤而往地上一扔，趴在桌面上痛哭起來。

「哭什麼哭？這有什麼好哭的。你以為哭就可以解決問題、可以改變嗎？」

令穎很清楚，哭不能解決問題，也不能改變什麼。但現在她除了哭之外，也不知道能做什麼。

沒有人瞭解令穎的痛苦。

儘管看著文字，勉強記住了形狀，不過在辨識上卻相當吃力，也無法瞭解文字的意思，當然就記不住。更何況要從腦袋瓜裡提取出來、說出來、寫出來，又談何容易。

學習障礙

——逃不出的學習噩夢

話說回來，媽媽也感到無奈、無力又挫折。親子之間常因為這些事產生衝突，但是又何奈。老師不斷地傳訊息表示，令穎看起來那麼聰明，但在班上的成績卻長期墊底，毫無起色，總歸一句話，就是不認真。

令穎真的不認真嗎？

其實，她很認真了。真正的問題，根本不在認真與否。

理解、陪伴與協助學習障礙孩子

閱讀障礙孩子所見是「跳動」的字

有一回在捷運台北車站的地下街用餐，我望著麵包店的結帳櫃檯，心想怎麼有這麼國際化的服務，連櫃檯的告示牌都附上韓文。看著看著，卻覺得哪邊怪怪的，告示牌上略顯斑駁的文字似乎掉了漆，再望向左邊櫃檯，原來上面寫的是：請至鄰近櫃檯結帳。

現在，讓我們試著把眼前的文字用橡皮擦或立可白塗掉部首或某部分筆劃，讓字顯得殘破不堪，或像在跳動一般。接著，請試著去閱讀並理解這段文字想要傳達的訊息。

在閱讀過程中，我們會參考腦海中的資料庫、經驗值，去猜測眼前這篇看似殘破文章的訊息。但是經過幾次的解讀練習後，你可能就不想再玩這個遊戲，因為太吃力了。

反過來想，閱讀障礙孩子卻得長期面對這樣的困境，日以繼夜，無盡地輪迴。

評估是否為「視知覺」問題

有些孩子在兒童心智科、復健科，透過醫生轉介進行職能治療，評估後發現是「視知覺」有問題，對於符號與形狀的認識、辨識、記憶和提取有困難。

若視知覺的問題導致孩子在閱讀學習上有困難，非常建議家長透過職能治療師，針對評估結果提供訓練，並進行追蹤。因為這可不是自己多練習就能學會的。

別執著於要孩子「動筆寫」

對孩子來說，動筆寫字當然很重要。但是當孩子沒有辦法透過書寫輸出時，是否依然要強迫他用這種方式進行？

讓他「說」吧。先讓孩子試著把心裡的想法、理解的事情說出來。語音輸出也行，現在科技與時並進，很方便。不然，透過電腦、平板打字也行。

讓孩子知道他有能力充分地表達想法，而別一直拘泥於非用寫的不可。

雖然在現行的教育體制裡，避不開動筆寫字。書寫是一定需要練習的，這點無庸置疑。但是在練習之餘，也要讓孩子用最符合他的方式、最適合他的方式表達。

每個人練習輸出表達的方式不盡相同。如同早期寫作、出版，一張稿紙加一支筆，得一字一字地寫下來，接著由印刷廠把每一個字挑出來，用鉛字排版。漸漸地，有了打字機、電腦鍵盤。到了現代，網路與手機非常普遍，語音輸出也愈來愈方便。

不要再拘泥於非得用某些特定方式。方法沒有絕對的好壞，關鍵在於哪一種最適合孩子。有些孩子適合用寫的，書寫對他來說是最佳的輸出狀態。有些孩子適合用說的、用打字的，那說與打字就是最適合他的方式。

這不是在逃避問題，而是**若要解決問題，請先讓孩子生存下去，在學習上可以好好地持續，而不是一直在原地打轉**。我原地轉三圈就會天昏地暗，更何況是長期無法停止的旋轉。

如果孩子就是不能用寫的、就是有書寫困難，為什麼還要一直拘泥在這一點上，不斷地批評、謾罵，不斷地要求他一定得怎麼做？

跳脫「非得如何不可」的觀念

「非得如何」不可，實在是強人所難。

如果孩子做得到，一切就很單純。重點是孩子的特質，就是很難用一般教育指定的方式學習。

教育最忌諱的，就是不管孩子的個別狀態，只想要用同一種方式強迫孩子學習。

每個人都可以找到適合自己的方式，不見得都得一樣。跳脫非得如何不可，對學習障礙來講是非常重要的一點。

「一定得如何不可」會讓學習障礙孩子好累、好辛苦。其實，每個人只要找到自己的學習模式，一定有機會徜徉在學習中。

學習障礙
——逃不出的學習噩夢

解讀孩子有什麼學習困難

對於學習障礙孩子，要做到「先不責罵」這點，已經很不容易。我們先把偏見暫時放在一旁，避免先入為主地設定這些孩子就是不認真、不努力。孩子真的不是笨，這點你一定很清楚。

現實的問題就在，孩子的學業表現確實不符合大人的期待。

然而，我們必須重新思考這個「期待」的設定，到底是以什麼作為標準，參考的範圍又是什麼？為什麼我們認定孩子可以符合這樣的標準？在過去的考試、評量中，孩子是否有達到這樣的程度？如果沒有，那為什麼我們還是做出這樣的設定？

大人希望孩子表現得好，孩子自己何嘗不希望。

讓我們就事論事，好好地一起思考如何解讀孩子的學習困難。這麼做，除了幫助孩子找到問題的癥結，而非找藉口合理化自己的學習表現，同時也是不希望孩子被誤解，因為不合理的誤會只會徒增壓力。

有時，孩子並不知道自己到底怎麼了，大人也一頭霧水，卻一味地批評「你就是不認真」，或者認為「你就努力啊，多讀就懂了」，但現實往往並非如此。

我們真的必須停下來，思考一下責罵孩子到底是什麼用意。

事實上，責罵孩子往往只是在抒解大人自己的情緒，同時也反映對此沒有任何方法可解決。

閱讀文字有困難，就先「理解」吧

有閱讀障礙的人，有時看著字一直在跳舞，像群魔亂舞。有些字是浮動又跳動，讓人無從掌握，閱讀時感到暈頭轉向、苦不堪言。

請試著瞭解孩子對於文字的辨識是否相對遲鈍，比如無法敏銳分辨字形的差異、記憶與提取文字符號。這是什麼意思呢？你可以找韓文、泰文、阿拉伯文或波斯語，試試看自己是否可以閱讀。

假設發現孩子閱讀文字真的有困難，是否還要花許多時間強迫孩子閱讀？這是很為難的事，讓孩子花費許多心力，卻得不到太明顯的成效。

不妨先試著以讓孩子能夠「理解」為原則。透過「聽」的方式，例如聽故事、Podcast，觀察他是否能比較有效地理解。如果答案是肯定的，那就先透過這個管道學習。先擁有基礎的能力，再提升閱讀與文字辨識的能力，相信會比較容易。

無力維持的自信
——從接受自己的脆弱開始，激發信心

學習障礙孩子的困境

「現在都幾點了，你竟然還在睡。趕快給我起來，上學快遲到了！叫你早點睡，你就是不聽。」媽媽說著拉開棉被，但啟承繼續將頭埋在枕頭裡。

「啟承，你趕快給我起來！動作快，趕快起來，我們要上學了。」

每次到了上學時間，啟承就不想動，因為他根本沒有任何動力出門。到了學校，作業沒有寫，得在早自習補全，但是他依然寫不完，也不會寫。

學習障礙

——逃不出的學習噩夢

除了上課時聽不懂、看不懂，加上寫不完作業，下課之後，還會被留下來繼續寫……那永遠寫不完的作業，對啟承來說是無盡的災難。

睡覺成了一種逃避，拖著拖著，直到早自習。第一節課、第二節課沒有去，索性早上就不去了；到了下午，只剩下幾節課，他常常乾脆請一整天的假。

不過啟承很精明，他會算時間。由於超過三天沒到校就會被學校報中輟，因此他會在第三天下午到校。

不上學，功課愈積愈多。一開始，老師一再地督促啟承，但是當發現自己的督促始終沒有任何作用，漸漸地就不想再管，只要孩子沒有到中輟界限就好。

啟承不願意上學，爸媽不知道該如何是好。罵也罵了、念也念了，孩子依然無動於衷。爸爸雖然氣急敗壞，但還要上班，只好放手交給媽媽管。但媽媽也精疲力竭，她還有好多家事，以及更小的兒女要照顧。

而對於老師來說，學生到校很好，不上學也無所謂。老師每天把作業用LINE傳給啟承的母親。啟承就把作業擱著，愈積愈多，堆到後來如同不存在。

在分組時，同學最討厭跟啟承同一組，因為他們很清楚和他同組沒有任何好處，他只會像拖油瓶一樣，缺乏貢獻。

同學常常抱怨：「老師，我們不想跟他同一組。每次都是我們在做，他根本是晾在那邊，什麼事情也不做。」

聽了同學的埋怨，啟承難過地心想：「我不是不想做，而是，我真的不知道該怎麼寫。我也不想連累同學……」

理解、陪伴與協助學習障礙孩子

揣摩學習障礙孩子的生活

你可以想像學習障礙孩子的一天嗎？

換個身分，設想自己有學習障礙，你可以模擬多少反應？

老師在班上，可以讓一般同學揣摩學習障礙同學一天的情況。這可以幫助同學們實際去感受，對於學習障礙有一些瞭解、認識、同理與接納。

學習障礙

——逃不出的學習噩夢

可能有許多同學會反映：「老師，我哪知道他在想什麼？我哪知道學習障礙是什麼？」

同學們無法想像，表示他們對於學習障礙並不瞭解。

如果要讓學生們瞭解學習障礙，可以透過相關主題的微電影或影片，看看影片中的主角以當事人的立場訴說生命經驗。接著請同學們輪流說出影片中當事人的心情感受，試著模擬影片中的主角，把他們的對白說出口。

帶領同學們試著設身處地感受。有更多人瞭解，就有更多人注意到學習障礙孩子不為人知的內心世界。

講到學習障礙，你會先聯想到哪些關鍵字詞？

提到學習障礙，你會先聯想到哪些關鍵字詞？

請同學們寫下來，無論正面或否定都行，天馬行空地，想到什麼就寫什麼，不設限或給予先入為主的框架。

負面的可能有：傻瓜，笨蛋，偷懶，笨，智障，成績不好，懶惰，不專心，字寫得太醜，看不懂寫什麼字，不用心，不認真……

那「正面」的字詞，你會想到什麼呢？

想像身旁有一位學習障礙孩子，你如何與他對話？而他可能告訴你哪些話？你又可能告訴他哪些話？你期待他什麼事情？你對他的要求是什麼？他是否可以符合你的期待？

「誰說我一定要勇敢？」

孩子是否一定要勇敢？

其實，接受自己的不完美與限制、面對自己的脆弱，也是一種成熟的表現。合理地看待自己的限制。看似限制的特質，往往在其他方面是獨有的亮點。限制或亮點，沒有絕對，關鍵在於自己關注的角度，以及它們能否在學習的歷程中，讓自己動起來。

否則孩子的學習動機只會一直往下跌，整個自信鎖了起來，甚至掉到連自信淨值都呈負數。

孩子在某些特質上有限制，假如我們感到不以為然，表現出嫌惡，也將影響孩子看低自己。當孩子悲觀看待自己的學習能力，在這種狀況下，不要期待孩子能夠拉回自信。沒有動能、沒有父母及老師的支持，孩子是很難有所作為的。

我們很自然地期待孩子在課業上可以完美演出，他們自己也是如此。但每個人終究有其適合的所在，不必強求，不要執著。若我們一直在原地打轉，不停地要求，只會讓孩子愈來愈看輕自己。

捫心自問：我們是否接受孩子擁有自己在學習上的特質，有別於大多數人的學習模式？如果願意接受，相信孩子在內心會安定許多。

原因很簡單：假如連最親近的大人都不接受，那麼孩子該何去何從？

面對挫敗，孩子怎麼看待自己？

孩子感受到挫折，我們要怎麼做？

當然不只是說聲「不要覺得挫折」那麼簡單。

我們要進一步地瞭解造成挫折的原因。而**最關鍵的依然是孩子怎麼看待自己，**這一點決定孩子的想法往哪個方向流動。

每一天，我們醒來之後，思緒就會往某一個方向進行竄流。想法合理的孩子會往合理的方向思考，同時帶來愉悅的心情與滿滿動能。

但如果將焦點擺在對自己不利的所在，愈把自己看淡、不如人，久而久之，存在感將愈來愈薄弱，自信和自尊不見了，渺小到連自己也看不見自己。

讓孩子看到自己擅長的那一面

每個人的能力有各自的限制，但也不要忘了，我們也都有各自所擅長之處。只是在傳統教育裡，我們被框住了，似乎某些特定的聽說讀寫算、國英數社自的學科，才是值得被關注的事物。

但是，人的一生，絕對不只如此。

若我們讓一個孩子有機會看到自己擅長的那一面，將讓孩子對於自己的能力充滿自信。

HBO有一部影片《因材施教》，這是一部可以讓大家認識學習差異的紀錄片。原文片名*I Can't Do This But I Can Do That: A Film For Families About Learning Differences*，中文直譯是「我不會做這個，但我會做那個」，我非常喜歡這句話。

學習障礙

——逃不出的學習噩夢

這部紀錄片，讓伴隨讀寫障礙、數學障礙、注意力缺陷症及聽覺處理障礙等病症的孩子們現身說法。從這些學習差異孩子的生命歷程中，可以感受到他們不被瞭解，甚至遭到誤會、否定的痛苦。

然而慶幸的是，也讓我們看到每個孩子在各自生命中的亮點。

或許他們的能力不符合一般社會大眾的期待，但是別忘了，世界很寬廣，不要局限自己的視野。

這部紀錄片，非常適合讓班上同學瞭解學習障礙等孩子的內心世界。

讓孩子彼此接納與尊重的融合教育，實在需要隨著時間，一點一滴地慢慢讓孩子產生觀念上的改變。而我們大人在態度上的優先調整更是重要。你怎麼看待孩子，決定著孩子如何看待自己。

幫助學習障礙孩子讓其他同學理解自己的狀態。讓同學知道每一個人看待事情的方式、理解自我的方式都不一樣。就只是不一樣，沒有絕對的好壞。

我們可以說出自己是怎麼看一件事情，當然也可以說出自己的限制，並且讓同學們瞭解，方法不止一種，甚至可以有各式各樣的方式。

無交集的親子關係

——以「激勵」，接住孩子下墜的心

學習障礙孩子的困境

「我們該做的都做了，上醫院做評估、聽醫生的建議吃專注力的藥，該補習的、外加家教……你這孩子就是不積極、不認真，成績難看到極點，真的丟臉死了！」

爸爸氣到額上直冒青筋，孟孟卻面無表情，眼神空洞地看著前方的牆壁。

「你倒說說看啊，我們哪一點對不起你？有話就說出來啊！不要在那邊像個啞

學習障礙

——逃不出的學習噩夢

巴一樣不敢開口。」

孟孟依然不說話。該講的，她在這個家不知說了多少遍。

爸爸正要繼續罵，孟孟突然開口：「我說了有用嗎？我講了多少遍，你們還不是只認為我不認真、不專心。除了這個，你們還會說什麼？」

孟孟突然拉高音調，讓爸媽愣了一下才回神。

「你本來就是不專心啊！」

「好啦，我不專心，我吃藥。結果呢？還不是一樣。這要怪誰？還不是怪你們！」

「為什麼是怪我們？我們該做的都做了。讀書可是你的責任，怎麼到最後變成是父母的責任？」連媽媽也加入戰局，很明顯地，她和爸爸是同一陣線。

「既然是我的事情，你們就不要管我。管那麼多幹麼？結果還不是一樣。我就是這麼笨，誰叫你把我生得這麼笨！」

「你這孩子到底在說什麼？只會撇清問題。我們想幫你解決問題，你還意見一大堆！」

「你不是叫我表達我的想法嗎？我說了啊，那你們還要我怎麼樣？」

氣氛瞬時凝結，令人感到窒息。

學習障礙孩子與父母的溝通，常常像兩個平行時空，沒有任何交集。父母無法瞭解孩子到底發生什麼事，孩子也不全然瞭解自己怎麼了。彼此的衝突火藥線，就繫在國文、英文、數學、社會、自然等學科低成就的表現上。

理解、陪伴與協助學習障礙孩子

先別認為孩子就是不認真、不努力、不專心

攤開考卷、評量與作業，仔細探究問題到底在什麼地方。試著分析與瞭解孩子的得分、扣分的內容組成。

拋開先入為主的印象。先不要認為孩子就是不認真、不努力、不專心，而是就事論事地審視孩子的學習歷程。

將不同的學科情況攤開來，可以看到孩子有不同的學習表現，試著將這些表現條列出來，仔細地觀察：獲得高分的、能夠答題的是哪些內容，被扣分、無法答題的，又是哪些。再進一步地觀察正確率與錯誤率。

讓孩子感受到大人是真心想要幫助他，並且發揮福爾摩斯與柯南的精神，一起找出問題癥結點，而不是一味地抱怨孩子不認真。

學習障礙

——逃不出的學習噩夢

孩子生出自信，才不會消極逃避

孩子需要有機會感受「我也可以學習」的自信。否則長久下來不斷被強化弱點、改善再加強，很容易陷入希臘神話裡薛西弗斯搬弄的那一塊巨石的循環，不斷地被推到山頂，又不斷地滾落至山腳，一次又一次……久而久之，孩子將明顯浮現習得無助感。

當孩子在學習過程中經歷無數失敗與一次又一次的挫折，可以想像再度面對挑戰時，可能會在一開始就豎起白旗投降，而結果也很容易預測，因為趨勢就是往下走。縱使在過程中，我們曾經試著調整考試、作業和評量的難度，卻會發現孩子沒有任何想要面對的意願。

「習得無助感」是一種消極的反應，覺得逃避雖可恥，但至少有個作用，就是讓心裡勉強好過些。等於給自己畫了一條界線，讓失敗的感覺到此為止就好，至少不會更差。少做少錯，不做不錯，由此，逐漸形成面對失敗的消極生存模式。

身旁的同學們頭也不回地繼續往前走，而自己則有如陷入靜止狀態。這時，孩子已經死心，對於未來沒有任何期待，也不想有期待，因為太多的期待只會帶給自己更多傷害。

找到屬於孩子的SOP

理想上，我們希望孩子可以獲得符合他的學習策略。現實上，這需要客製化地量身訂作，在初期是一件消耗時間及心力的事。

但如果我們願意花一些時間找到屬於孩子的「標準作業程序」，之後再複製、貼上，先把自己可以學習的基礎建立好，接下來，孩子也比較容易照著做，進入自己的學習狀態。

有時在教學上，不假思索便一套教法用到底，反而易使孩子失去學習的機會，而對學習產生畏懼或逃避。

這一點令人感到沉痛。我們是否真正看見了孩子在閱讀及書寫方面的限制？如果我們沒有瞭解他的限制或是特殊性，孩子就會在痛苦、挫折與失敗的漩渦裡，一直旋轉，甚至出現溺斃的感覺。

關於孩子在閱讀及書寫上的不理想，我們要視為一個警訊。不要只看到表面的失敗，必須試著瞭解在這表面之下，孩子想要告訴我們的訊息是什麼。

關於這點，大人們有不同的意見：我們到底是要看孩子的優勢能力？還是必須針對弱勢能力補強？

其實這兩者並不衝突，而是可以相互交錯，重新排列組合地進行，讓孩子看見自己的優勢能力，同時也瞭解自己的限制。

學習也有「80／20」比例

我始終認為對待學習障礙孩子，要找到符合其特質的學習策略，並補救或加強落後的能力。兩者之間的拿捏比例，可以採取「80／20法則」的概念。

讓孩子開發其優勢能力，同時試著接納自己的弱勢部分，同樣也適用「80／20

法則」。

因此，我們需要打破舊有作法，**別再圍繞著孩子的限制，對他無法做到或落後的部分，一直要求他做、要求加強與補救，這會使孩子一再被強調和提醒自己的能力多麼不足**。長期下來，自我評價只會愈來愈低落與負面，到後來變得提不起勁，愈來愈缺乏自信。

學習障礙孩子很容易在長期遭到否定、批評、指責與謾罵的狀態下，逐漸陷入憂鬱。

請再次提醒自己：一個人未來在日常生活及工作上，能夠好好地生活、生存下來，依靠的一定是他的優勢能力。這並不等於我們漠視或否認孩子的學習障礙問題。

以「激勵」，接住孩子下墜的心

到底該怎麼辦？難道就讓孩子繼續這樣下去嗎？

換個方法，用「激勵」吧！激勵，先撐住孩子那往下墜的內心。

給予友善的瞭解，至少能讓孩子感受到有我們的雙手在支持與呵護。

學習障礙

——逃不出的學習噩夢

不想把孩子逼上絕路，就不要再使用強硬的方式。倘若不改變學障孩子的負面自我設定、看待事情的負面與失真模式，結局就是慘敗的負面連結。別讓消極、無助與放棄成為孩子性格的一部分。

這把切斷的利劍就是——製造孩子的成功經驗，讓他深信自己有能力跨越難關，燃起心中那熄滅已久的動機。

第三章

學障孩子的痛苦

「別再叫我笨蛋！」
——老師請避免錯誤示範

學習障礙孩子的困境

「叫你們平時多讀書不讀書，到現在竟然還有人錯字一大堆。這麼笨，連寫個字都不會，以後出社會怎麼辦？」老師拿起一張考卷，看到分數就忍不住開罵。

「吳昊文、吳昊文、吳昊文……」同學們在底下鼓譟著。

「吳昊文，過來把考卷拿走！」老師不悅的口吻與帶著殺氣的銳利眼神，讓吳昊文不敢直視，低著頭走向講台，默默把考卷摺起來遮住分數，不願讓同學看見。

閱讀障礙孩子面對文字符號，在解讀、辨識與理解上有困難。有些孩子在一段文字中，認得出某些字，但讀完整段還是不瞭解，也影響了書寫品質。

某次，老師脫口說出「笨蛋」，久而久之，同學們也把這個詞冠在昊文的身上。不只上課讓昊文感到難堪，下課時，同學們也帶著訕笑、嘲諷和揶揄的不友善對待，直叫他想奪門而出。

「跟吳昊文在一起會不會被傳染，變笨啊？」子揚刻意拉高音量問。

「有可能喔！」阿基附和。

「你們不要在那邊亂說話，我才不笨！」昊文大聲反駁。

子揚不以為然地嗆聲，「那你拿出本事啊！把這首詩寫出來給我們看看。」他隨手把作業紙攤在昊文面前，「你寫啊，寫啊。把李白的〈靜夜思〉寫出來。」

「寫出來！寫出來！寫出來！」同學們圍著昊文與子揚鼓譟著。

昊文不甘示弱地拿起筆，右手用力一握，眼睛斜瞪著子揚。

「寫啊！寫啊！寫啊！你寫啊！我看你怎麼寫！」子揚咄咄逼人的口吻伴著高傲的神情，抬起下巴，激著昊文。

時間像是凝結了，教室裡的空氣令人感到窒息。

學習障礙

——逃不出的學習噩夢

「床全明月荒，移是地上……」如同以往，昊文還是容易將一些音讀起來神似、卻不正確的字寫下來，而且寫得很吃力。

「哈！拜託，是前後的『前』，哪是完全的全。而且是『光』啦！我還慌勒！」阿基誇張地猛敲著桌子狂笑。

「拜託，這首〈靜夜思〉學多久了，到現在還錯字連篇，真的敗給你。如果被李白知道，我看他都會昏倒。」

如同腦門被轟擊，昊文被羞辱得無地自容，很不甘心，不知不覺地淚流滿面。他愈想愈氣，握著筆，狠狠地在紙上用力戳著。整張作業紙被戳得破破爛爛，如同他殘破不堪的內心。

「我就說嘛，會寫早就寫了，我們還跟他在這邊浪費時間。」

子揚說完，同學們像是看完一場鬧劇般鳥獸散，留下孤單落寞的昊文。

理解、陪伴與協助學習障礙孩子

親師溝通技巧：「我擔心……」

「笨蛋」這類形容，對於孩子的學習絕對不會有好處，也沒有幫助。別讓周圍的人像海浪般一句一句刺痛人心的負向語言，如萬箭穿心一樣刺出來，孩子的心會很傷的。

這需要溝通，更是親師之間必要的討論。

「老師，我擔心開口閉口說昊文是笨蛋，會讓他的內心與自信受傷害。這些話沒有實質幫助，只是讓昊文被推向否定與放棄自己。不曉得老師說這些話，目的是什麼？或許您要反映的是他這些字不會寫、這一張考卷不及格，但就事論事地說，人身攻擊、公然否定，並不會讓孩子因此有改變。改變的，只會是孩子的自尊和自信變得更沉淪。」

家長明確地向老師說出內心的感受及擔心，同時也讓老師覺察當自己講出「笨蛋」一詞，真正想要傳遞的訊息是什麼。

你怎麼捨得把孩子推到黑洞裡？

別忘了，許多孩子在被罵、被數落、被暗示自己是笨蛋時，大都是自行吸收這些負面訊息，在腦袋裡像迴圈環繞再環繞，有如打蛋器般不斷地攪拌再攪拌。

學習障礙

——逃不出的學習噩夢

孩子不見得有機會尋求聆聽他、懂他的人，或找得到願意瞭解他的人，只能關起門，在房間裡不停地告訴自己：「我就是笨蛋。」「我就是跟別人不一樣。」「我就是落後。」「我就是魯蛇。」「我就是失敗者。」「我就是拖垮班上成績的那個人。」「我在這個世界上是多餘的，不被重視。我根本不需要存在，連小數點後面的數字都不如……」

我們何其忍心看到孩子這樣慢慢地看不見自己，消失在黑洞裡。又何其狠心，竟讓孩子承受如此的苦痛。

不要再說「笨蛋」

脫口而出一句話很容易，但請記得，傷害永遠在那裡。說的人不會特別注意，除非自我覺察能力夠敏銳。但你有沒有想過，講出口之後，被批評的孩子心裡的傷害多麼難以平撫。

我們必須思考自己為什麼要這麼說。別忽略語言所帶來的殺傷力。

也許你覺得這個詞說出來無傷大雅，笑笑就沒事。但是千萬別忽略對於一個孩子，終其一生，這個詞就內建在大腦中，不時地自動跳出來重擊自信，一再地提醒孩子「我就是一個笨蛋」。

這樣的自我否定，只會讓孩子愈來愈瞧不起自己、意志消沉，並且自我否定。

「我有沒有辦法把這孩子教會呢？」

學習障礙的鑑定標準之一是智力正常，或在正常程度以上。縱使對於智能障礙孩子，也不能任意套用笨蛋一詞。

學習障礙孩子給人的刻板印象，往往就是外表聰明，但學業成績表現差，不符合眾人的期待。因此，常常被形容為「聰明的笨蛋」，這樣的汙名化，讓孩子的內心被壓得喘不過氣來。

誰才是笨蛋？誰來定義笨蛋？什麼叫做笨蛋？我們必須找到造成學習落後的關鍵點，而不是只用笨蛋就交代過去。

「除了說我是笨蛋，你還會說什麼？既然我笨，那請你把我教會吧！」

孩子的心聲，你聽見了嗎？

別再說孩子是笨蛋。在說之前，請先問問自己：我有沒有辦法把笨蛋教會呢？

學習障礙

——逃不出的學習噩夢

「我真的不是故意跳行、漏字。」

——這種無奈，誰能理解？

學習障礙孩子的困境

「你到底讀到哪裡去了？再給我重來一遍。」講台上的老師用力將課本朝桌面拍下去，「林建東，你給我認真一點！別人都可以，為什麼就只有你不行？念得亂七八糟的。如果你再亂念，就給我一直念，念到好為止，否則就不要下課。」

建東深深地吐一口氣，心裡狐疑：「我哪知道念錯了，明明看得很仔細啊。」但抱怨歸抱怨，只能在心裡嘀咕著，不能讓老師聽見，否則又準備挨一頓罵。

建東在閱讀時，雖然辨識文字的正確率很高，但不時跳行、漏字，讀著讀著竟會不知不覺地讀歪，莫名跳讀到另一行。

由於他經常跳行、漏字，惹得老師對他下達禁止令：「未改善前，除了上廁所之外，你一律待在教室裡，不准下課。」

下課了，其他同學都跑出去玩，自己卻只能待在教室裡，面對不時交錯的行列，課本上的字像是搭乘手扶梯般移動著。

無法下課的人生，誰受得了？

望向窗外，同學們嘻嘻哈哈地跑來跑去，建東只能羨慕又嫉妒。心裡有許多怨懟，抱怨老師為什麼這麼殘忍，這麼無法瞭解自己。跳行、漏字又不是他故意的。

老師說沒改善就留下來，但他好想告訴老師：「就算不能下課或放學後留校，甚至要我在教室裡搭帳篷住下來，我還是會跳行和漏字。」

這不是對立反抗，而是真的沒辦法自行修復與改善。

老師只會說：「別人都可以，那是你的問題。」這些話聽多了，只會愈來愈讓

學習障礙

——逃不出的學習噩夢

建東相信這確實是自己的問題，因為「別人都可以，只有我不行」，抱怨誰都沒有用。

實在無法忍受這樣的日子：一節課接一節課，只能窩在教室裡，不能下課……這種感覺，誰能理解？

老師只會對他拋下這句話：「這麼簡單的問題，你自己解決。」

「『簡單』是你在說的。如果對我來講能夠那麼容易就解決，這早就不是問題了。」

建東心裡嘀咕著：「為什麼大人不能想出一種比較妥善和適當的方式，而不是一直把我推到坑洞裡？在這個坑內，我愈陷愈深。坑的周圍一片黑暗，我大聲呼喊，卻沒有人聽得見。我陷在這裡面了，沒有人管我……」

沒有人理會，日子該怎麼過下去？建東心裡很掙扎。

我們真的必須好好去聽見讀寫障礙孩子內心的吶喊。

理解、陪伴與協助學習障礙孩子

聽、說、讀、寫、算的順序

「聽、說、讀、寫、算」，是一般孩子發展的大致順序。

普遍來說，孩子能夠以聽覺接收的方式，理解說話內容的意思。接下來，在說的階段，將自己的需求、想法、感受與企圖，透過口說的方式表達出來。

進行到讀的階段，過程中牽涉文字是否單純地以中文字出現，還是有注音符號，以協助孩子進行拼讀的參考。如果閱讀的輸入能力出現困難，對於閱讀的理解自然形成障礙，更別談寫考卷、作業和評量與口說等輸出。

雖然有些孩子可以在閱讀過程中，勉強透過上下文猜測意思，透過文章語句的脈絡推敲可能的內容。但是只要無法順利分辨文字怎麼讀，就會在讀、寫這兩方面出現障礙。

發現孩子無法順利、正確地理解文字內容，面臨閱讀的挫折時，我們能做的便是協助孩子走出學習困境。

口說與手指掃描的速度不一致

孩子到底出現什麼問題？

仔細評估孩子在視覺搜尋、掃描上，是否有專注力的問題。在閱讀過程中，是否透過手指頭輔助朗讀。

每個孩子的情形不盡相同，有些孩子在朗讀過程中，口頭念的速度與手指掃描的速度是不一致的。

當發現這種情況，建議要孩子先把手指頭移開，藉由**視覺掃描**，亦即直接看著文字朗讀，並觀察正確率是否比較高。

面對跳行和漏字，大人不要暴跳如雷

父母是否能夠坦然接受孩子閱讀時，會跳行、漏字？

這不容易做到，但請先接納孩子現有的特質。至少，當孩子發現你不再罵他、處罰他，或老師也不加倍要求罰寫再罰寫時，會比較心安。

讓孩子知道：「沒關係，爸媽和老師瞭解你有這樣的問題存在。我們來想想有哪些解決方法，可以怎麼做、怎麼突破。」

或許孩子的確有專注力問題，視覺搜尋、文字掃描的品質不甚理想，但請相信，沒有人願意跳行、漏字地讀。所以，別再以不專心、不認真來看待。

貼心地拉寬行距

可以試著**把行與行的距離拉寬，或字與字之間保持適度的間隔**，讓孩子試著一行、一行地朗讀。

過程中，讓孩子用手指順著劃過每個字與每一行，先不出聲朗讀，而是去感受手指頭與文字行列之間的關係。

劃過一遍之後，再請孩子把句子朗讀出來，以觀察跳行、漏字的問題是否依然存在。

或者，**讓詞彙與詞彙之間保持較大的空格**，以便孩子知道在哪個地方可以停頓。先熟悉一些詞彙，例如兩個字、三個字或四個字的詞彙，並一次又一次地朗讀，同時錄音，以掌握在朗讀過程中，聲音出現的情況。

有些孩子讀題時很容易跳行、漏字，父母可以爭取**讓孩子的考卷在段落之間的安排更加明顯，行距拉寬，甚至於將字級放大**，以便更清楚地辨識。

除了跳行、漏字，有些孩子則是花了許多時間與心思在辨識文字符號。還有的孩子在閱讀過程中，聲韻覺識能力不佳，例如能說出「貓」這個字，卻無法有效分析出「ㄇ」、「ㄠ」兩個音素，或是讀完了也無法理解那句話的意思……

這些孩子在閱讀方面，需要其他方式的輔助。唯有我們大人從原地跳脫出來，思考其他可行的輔助方法，才是對孩子的實質幫助。

從「聽、說、讀、寫、算」切入

孩子的專注力是否容易受到視覺、聽覺的干擾？如果是，可以先從排除學習過程中，周遭的刺激開始。

但是，為什麼會跳行、漏字？又為什麼會把字看顛倒呢？

有些孩子看到文字或許認得出，但是讀不出來，這往往是在聲韻覺識上有困難，因而無法正確地發音讀出。同樣地，無法在第一時間理解閱讀的內容，是聽覺理解或者視覺辨識出了問題。

如果是視覺辨識有問題，要先釐清文字辨識能力是否有狀況，認識文字符號形狀的速度是不是真的很緩慢。

此外，閱讀速度緩慢，也會使得孩子花費太多時間和心力，導致沒有辦法順利地閱讀。

正視孩子的身心特質

一句「不認真」，講出口很簡單，說了之後，似乎責任就結束，接下來是孩子自己的事情。然而，這句話卻掩蓋了許多核心訊息，也很容易讓我們忽略孩子的身心特質。

孩子的學習問題，實在不能以「認真／不認真」這麼簡單的二分法判定。籠統地將問題歸咎於態度的不積極、不認真，反而容易使真正的關鍵繼續被隱藏在深深的土裡，而沒有機會受到瞭解。這是非常可惜，也非常不適當的。

因此，對於孩子的學習表現，別輕易給出「不認真」的評語。學習障礙孩子的學習情況，絕非單以態度就可以決定一切。

我們必須思考：**孩子要傳達的訊息是什麼？孩子在學習上有哪些特質？真正遇**

學習障礙

——逃不出的學習噩夢

到的困難是什麼？

雖然這些並非那麼容易瞭解，但至少我們有想要瞭解孩子的態度。看待學習障礙孩子的學習狀況，別再以不認真一詞含糊帶過。有時，連孩子也不清楚自己的問題，可想而知，問題一直深深地埋藏在內心，時間一久，不只大人放棄，孩子真的也只能放棄自己。

「雖然書寫很無力，但我不放棄。」

——多點寬容，多些可能

學習障礙孩子的困境

「我好想寫，真的好想再寫，但我就是寫不出來。我好想再給自己一些機會。」

老師走過來將考卷抽走，如萍奮力想把考卷抽回來。

在這番拉扯下，考卷被撕破了。

老師生氣了。「你在找麻煩是不是？你不知道考試時間到就要交卷嗎？」

「我只是想要繼續寫完。」

學習障礙

——逃不出的學習噩夢

「寫完？你哪一次寫得完？你根本是在浪費大家的時間。」老師毫不留情地批評。

「我想要繼續寫……」如萍向老師求情。

「繼續寫？你以為全班就只有你一個人嗎？我們都不用上課了是不是？我看就算給你一整天，你都寫不完。這麼愛寫，你乾脆就不要下課，繼續寫！」老師撂下狠話。

無論寫作業或考卷，每次見如萍慢條斯理地寫，像在刻字，或是一個錯字、一個錯字地慢慢擦掉，都挑戰著老師的耐心與底線。

理解、陪伴與協助學習障礙孩子

「說」出一篇作文也可以

書寫障礙孩子要提取文字符號是有困難的。

我們可以先試著**讓孩子用口述的方式盡情地講**，以訓練語言表達與語言組織能

力。重點在於讓孩子能夠順利地輸出。

透過語音辨識也非常方便。只要孩子口語表達清晰，以及訊號良好、沒有雜音干擾，藉由一次一次的練習，便能以語音辨識正確地找出符合孩子所說的文字。

比如要寫一篇作文，如果孩子在書寫上有困難，我們卻一直要求孩子用最不適合他的方式寫，那只會耗費時間和心力，產生挫折感。倒不如試著透過另外一種管道，例如以口頭說的方式，將作文內容化為腦中的想法，說出來。

如此一來，不僅讓孩子在說的過程有了自信，也讓他瞭解，自己其實有能力對一些主題發表看法，或「說」出一篇作文。

在特殊教育的協助服務裡，便是透過口頭說的方式，由老師協助錄音，之後再謄打轉換為文字輸出。

再次強調，既然目的是要讓孩子「完成一篇文章」，就不要執著一定得透過書寫才算完成。

換個方法試試看，不代表放棄

父母和老師難免有個疑問：那麼，到底要不要孩子繼續練習書寫？

我認為還是需要的，我們並不是要孩子放棄書寫能力。但我要強調，讓孩子以最佳的方式進行他的輸出表達，與書寫練習並不相違背，且是可以同時進行的。

請記得，先讓孩子在學習上有正向的回饋，產生自信，才有辦法產生強烈的學習意願。

別忘了，孩子在過去遭遇過多少學習挫折，那是我們很難想像的。

點亮學習的那盞明燈

孩子的困境無人理解，連他自己也搞不清楚到底哪裡出了問題。這種感受就像在黑暗中，完全沒有方向，不知道自己到底身處在什麼地方。這時需要一盞燈，先讓房間亮起來，也就是，先讓孩子在學習方面，找到「原來我是有能力」的感受。

要讓孩子瞭解一件事情：每個人都有各種不同的特質，也有適合自己的一些表達方式。缺少書寫能力，並不等於整個人都是被否定的。

別讓孩子的思緒陷入全有或全無的狀態，這樣的負面思考，對孩子非常具有殺傷力。

你願意調整想法，讓孩子以他最適合的方式進行表達嗎？如果你願意，孩子會很感謝你，因為你也讓他有了這樣的觀念：很多事情是有彈性的，並沒有非得如何不可。

每個人會透過不同的方式，呈現自己對於一件事情的看法。例如有些人用舞蹈、音樂、電影、戲劇，有的人透過寫作、畫畫、遊戲、行動藝術呈現，這些都是表達的形式，沒有一定的方式。

文字的處理能力與速度，每個人不盡相同。有人掌握文字的能力比較強，有人認識比較多的詞彙，記住的速度也比較快，因此可以一次又一次地重複閱讀。相對地，閱讀較緩慢的孩子就吃力了。既然吃力又不討好，誰又想要主動地閱讀呢？

向繪本借鏡

要瞭解書寫障礙孩子的內心世界，不妨讀繪本《不會寫字的獅子》（米奇巴克出版）。

每個人都有其擅長的一面，獅子也不例外。

學習障礙

——逃不出的學習噩夢

每個人都有其脆弱的地方，獅子也躲不掉。表達內在的想法時，每個人各有習慣模式，無論是說、寫、畫或打字等，都是一種輸出方式。

然而，有些孩子在某些能力上就是有與生俱來的困難。雖然輸出沒有特定形式，書寫、打字、塗鴉或口說都行，有些孩子卻被困在無法寫字的窘境裡，輸出有困難，提取有困難，讀寫有困難。有的孩子並非不曉得怎麼表達，而是很難用寫的。

這是同學們難以想像的。大家笑成一團，「你怎麼那麼笨?!大家都會，只有你不會！」

對此，繪本中的獅子感到羞愧，而這更是書寫障礙孩子每天躲不掉的噩夢。

別再說孩子不認真或不努力。**書寫障礙，絕對不是態度的問題。這是與生俱來的，孩子在神經心理功能方面有一些狀況。**

透過書中這隻不會寫字的獅子，我們也感受到書寫障礙孩子所面臨的類似困境：孩子不是不為也，是不能也。

所以，我們要換個方式，允許孩子找到替代的表達方法，例如打字或口說。並且仔細地思考如何發展出適合孩子的書寫策略。

當文字在跳舞

閱讀障礙孩子所見的文字世界是什麼樣的？繪本《我看到的字怎麼都在跳舞？》（*Hank and the Dancing Letters*，童夢館出版），很貼切地將孩子的困難反映出來。

> 別動，別動，別動！你一直在動，讓我沒有辦法好好地認得你們。
> 雖然很想與你們共舞，卻抓不住你們的舞步。

閱讀完畢，舞會散去，我還是很難與這些文字共舞。看著文字符號盡情地搖擺舞動，風情萬種、熱情如火，自己卻有點暈頭轉向、招架不住。

閱讀障礙孩子在閱讀時，也是這樣。感覺文字像不聽使喚地任性浮現、彈跳著，就像在跳舞，但是旋律混亂，又似飄浮，讓腦袋處在一種混亂的狀態。

學習障礙

——逃不出的學習噩夢

「我也不想跟自己同一組。」

——分組是學障兒永遠的痛

學習障礙孩子的困境

「怎麼辦？阿亮又來找我們了。」

「誰管他。成績那麼差，誰想跟他在同一組。」

「對嘛。和阿亮同一組，我們的分數只會被他拖垮，根本就是一個拖油瓶。」

「而且是好大一支拖油瓶！」

「不要理他啦！就跟他講我們這組已經滿了。」

「沒錯，這是好方法。誰跟他在一起，誰倒楣。他自己一組就好了。」

「說的也是。自己的分數自己考，別想占我們的便宜。」

「誰想認養他啊？自己不認真，誰會想跟他同一組。門都沒有！」

「是連窗戶也沒有！」

同學們把阿亮當成開玩笑的對象，笑成一團。

很現實的，每當遇到課堂分組，阿亮總是被同學們拒絕，沒有一次例外。

所以一聽到又要分組，他便默默地坐在位子上，低著頭摳弄雙手，一句話都不說，也不想說。

老師在旁邊催促：「阿亮，你怎麼都坐著不動？耍大牌，要人家來找你啊？待會兒下課時，分組名單就要出來，動作快。」

不管老師如何催促，阿亮不理就是不理。沒人瞭解被排擠的心情是多麼沉重。他知道自己沒有任何理由讓同學接受和他同組，就連他也不想跟自己這樣的人在同一組啊！

「或許像大家說的，我就是拖油瓶，對於別人沒有任何好處。」

也難怪同學看他像見到瘟神，拔腿就跑。他很習慣了，哀莫大於心死，對「分

學習障礙

——逃不出的學習噩夢

組」他已經沒有感覺，反正結局都一樣，不是他自己一個人一組，就是被老師強迫安排跟一群剩下的人同組。

理解、陪伴與協助學習障礙孩子

難以撕下的標籤

「你動作給我快一點！不要再擦了。拖拖拉拉的，一直擦一直擦，到底什麼時候才寫完？我看你根本在拖延，浪費大家的時間，簡直是找我麻煩。」

這段催促、責罵的話，熟悉嗎？

大家都把問題點歸咎於學習障礙孩子。我們總認為孩子在找麻煩，但孩子何必如此？

我們覺得自己有好多事情要做，孩子也覺得自己有許多事情得做。大人的事情做不完，孩子的事情也做不完，彼此抱怨不滿。

當大人要孩子寫，孩子就得照做，但是寫不完還是寫不完……沒完沒了的要求，讓雙方的關係陷入惡性循環，師生關係、親子關係不斷惡化，同學的印象也愈來愈黑，漸漸地，沒有人想靠近，誰遇到，誰倒楣。

不停歇的錯誤漩渦，讓人自我質疑

錯錯錯，錯錯錯，我的人生就是一路錯，從來沒有好好地修正過。

錯錯錯，錯錯錯，大人已經忍受不了我的錯。但我也無奈，我也不想犯錯。

改改改，改了還是錯。

錯錯錯，錯了還是要改，改了又錯。

自己愈來愈虛弱，愈來愈挫折，不要再叫我改，反正我改了又錯，寫了又錯……

孩子一直陷入錯誤的人生，難免自我質疑：「難道我生下來，就是一場錯誤？」

沒有人想被設定在這種狀態，被困在無盡的迴圈裡，永遠找不到出口。

然而，人生是否有所謂「標準化格式」？哪個方向是正確的？哪個交流道或出口是正確的？哪一個才真正適合自己？

沒有人想犯錯，學習障礙孩子也一樣，但是又何奈。

劃出「自我保護」的心理界線

若孩子選擇自我放棄，我們該如何協助？

請不要直接告訴孩子：「你不用在乎別人的想法。」

他人的批評、諷刺和嘲笑，孩子當然在意，並且往往因此而深深受創。雖然我們告訴孩子別在乎，但這多半只是理想，除非孩子能夠控制自己的想法。

所以，請先接住孩子受傷的感受。這樣的傷很痛、令人難以忍受——讓孩子瞭解這些感受很真實，換成是別人也一樣無法接受。

先接受孩子的情緒，再引導他練習將這些情緒凍結，不擴大解釋。

孩子需要劃出一道自我保護的界線。可以教孩子試著這麼做：想像自己在一個大型泡泡裡，與外在雜音隔絕，保持內心平靜，只聽得見自己的聲音。

酸言酸語，統統刪掉

若孩子被同學笑「你這個笨蛋」，面臨這些令人不舒服，帶來難堪、羞愧、憤怒、嫌惡等負面感受的言語刺激，允許孩子可以有各種的負面情緒。

同時，也協助孩子思考與判斷自己和這些同學的關係是否重要。

如果認為這些人對自己並不重要，就在名單上，把他劃掉。用力地劃掉，劃到紙破掉都可以。協助孩子將心理界線劃清楚：

這些人不重要。他們根本不瞭解我，我也不需要大費周章地跟他們解釋。因此，他們的酸言酸語，我統統都刪掉。

那些生命中「不重要的他人」，不需要讓他們的話影響自己。對方根本對我不熟悉，我為什麼要花費心思、時間去和他爭執？

孩子可能會提出一個疑問：那我要和對方爭辯嗎？如果他說我是笨蛋，我是要說「笨蛋又怎樣」呢？還是回「然後呢」？這樣跟他爭辯，會不會讓自己更難堪？

如果可以，不予回應，也別理會。

一個人開口說出傷人的話，通常是想要引起對方的回應。別讓那些人說的話，在自己心裡引發任何風吹草動。

這世界有時很亂、很吵，我們只需要靜一靜、只接受「重要他人」的一些想法。

如果只是想要擾亂自己思緒的人，就把他刪除掉吧。

「到底哪一點好笑？是你好笑，還是他好笑？」

許多人常以自己有的，去嘲笑別人所沒有的。

如果問那些取笑別人的孩子，「你說這些話，到底是要做什麼？」

有些孩子會告訴你，「我就是覺得好笑。」

我會進一步地問：「到底哪一點好笑？是你好笑，還是他好笑？」

說實話，因缺乏自我覺察的所作所為而傷害他人，這一點才讓人覺得可笑。

更何況，說出這些冷言冷語，對於自己的成長沒有任何正面滋養。對於被笑的孩子來說更是傷害，也沒有必要。

第四章

面對學習障礙的彈性

與其強攀高牆，不如從旁繞過
——別執著於「非得如何不可」

學習障礙孩子的困境

【之一】

這些字到底該怎麼寫？一撇一捺，一橫一豎，腦海裡根本沒有個譜。點、橫、豎、撇、捺、提、折、鉤……天啊！這到底是什麼碗糕?!

俊賢不斷咬著筆，試卷上一片慘不忍睹的空白，讓他額頭直冒汗。

絞盡腦汁，寫不出來就是寫不出來。每個字的提取有如走在濛濛大霧中，伸手不見五指，很難瞧見眼前的模樣。但他明明很清楚答案是什麼。

俊賢突然舉手發問：「老師，我能不能用說的？」

「說什麼說？現在正在考試，講什麼話？你不動筆寫，難道等我告訴你答案？」

【之二】

「你寫那是什麼字啊？錯那麼多。能不能專心一點？連照抄都抄錯。」

現在是寫作業時間，老師讓同學們打開課本照著寫。在座位之間巡視時，老師發現俊賢依然錯字連篇。

俊賢無奈地拿起橡皮擦把錯字一一擦掉。整本作業簿，因為他一再地擦掉與重寫而發皺。

寫作業對他來說是非常痛苦的事。每一個字在寫下的過程中，他都得思考許久，不時摸著額頭、咬手指及衣領。面對皺皺的作業本，感到非常煩躁又厭煩。

學習障礙

——逃不出的學習噩夢

俊賢實在不曉得問題到底出在哪裡。他明明認得這些字，也說得出意思，但是一要動筆寫就有困難。

如果勉強仿寫和照抄還可以，可是速度還是慢，有時還會上下顛倒或左右相反，錯字連篇。

他真的很認真，可是，認真卻不見得有回饋。他實在不懂，為什麼「動筆寫字」這件事對別人來說那麼容易，對他卻難如登天？

理解、陪伴與協助學習障礙孩子

限制，反而帶來新發現

每個人雖然有自己的限制，卻也因此啟發我們去尋找另一種符合自己的模式，一樣能抵達終點，只是過程與一般同學不一樣而已。

看似是一座高牆擋在前方，走近了卻發現一旁還有羊腸小徑，轉個彎，迂迴一下，又是柳暗花明的開闊。

學習的道路真的有很多條，對於學習障礙孩子來說，辛苦的是，現今的教育依然期待每個人透過相同模式進行。

除非，學校的特殊教育發展得很細膩、很成熟，親師生三者的合作非常融洽、有默契，並徹底落實《特殊教育法》第十九條：特殊教育之課程、教材、教法及評量方式，應保持彈性，適合特殊教育學生身心特性及需求；其辦法，由中央主管機關定之。

尊重每個人的身心特性及需求，是理想且必要的教育情況。然而，說起來很容易，實際要做到，卻挑戰著每一個人的思考彈性。你的視野有多廣，你的心願意開放得多大，決定了你願意嘗試的方法可以如何多元。

「多元」一詞令你望而卻步，感到傷腦筋嗎？

事實上，教育並沒有非得如何不可。

讓孩子知道，透過A這種方式，學習有困難，沒關係，我們還有B、C、D、E……X、Y、Z等各種模式任君選擇。

在現實中，處處存在著對聽、說、讀、寫、算的要求。若孩子在這方面有困難，別畏怯主動告訴他：**學習是可以有替代模式的**。這關係到態度。當心態開放，也給自己製造了許多學習機會。

調整心態，隨時視情況修正

若我們想要改變、調整對待孩子的教學、評量方式，願意去瞭解孩子，提出的要求就比較適切，不會為難孩子。

路有很多種走法，不見得只有直線到達這條看似最方便的路。多數人傾向開上最快速抵達目的地的道路，例如國道一號、三號。然而，有些人容易在這些路段塞車，學習成效不好，那麼不如轉換方式，走省道、繞縣道，或者選擇其他迂迴的鄉間小路。

不同的道路，有不同的風情，只要能夠抵達，不必拘泥是哪一條路。

關於輸入、輸出的方式，隨著孩子的身心特性及需求而異，而必須視當下情況，隨時做修正，評量、教學、評量，評量、教學、評量。

也就是，先評量孩子的學習目標、內容、能力等，以作為教學的參考。而每一次的教學也同樣再進行評量，從中瞭解孩子的學習進度，並再進行修正，作為後續教學的參考。如此反覆，持續地滾動式修正與執行。

先運用優勢，再改善弱勢

「孩子到現在還不太會寫字，怎麼辦？」這是許多書寫障礙孩子家長的求助與呼喚。

先讓我們想一想：當下想要解決的是讓孩子學會寫字？還是先幫孩子找到寫字的替代方式？這兩個方向看似不相同，但並不矛盾，差別只在於我們要投放的比例有多少，優先順序是什麼。

試著先陪伴孩子找到他會的、優勢的模式，接著再補強、改善孩子比較弱勢的部分。

例如百分之八十的時間，先讓孩子以屬於他的方式學習，建立基本認知概念，不至於在認知基礎上落後而造成自信崩盤。隨後再補足百分之二十，進行書寫的調整及改善。

這裡的百分之八十、百分之二十是舉例，會隨著不同孩子的書寫障礙程度，而進行不同程度的調整。關於這點，可以在ＩＥＰ（個別化教育計畫）的時間，與資源班老師、相關特教專業團隊治療師（例如物理、職能、語言）及心理師、導師、科任老師等進行討論。

請給孩子機會——隨時維持一種動態的態度，而不再是百分之百地硬是要求孩子把字寫好、寫對。

對孩子的表現，請寬容看待

有些孩子寫出來的字太大，或是筆跡潦草。要注意的關鍵在於，這些字能否順利被解讀及辨識，而不會因為錯字被誤解原意。

如果可以，**給孩子一些寬容值，允許他適度地這樣寫，別一味地要求擦掉、重寫，或者罰寫多少遍，這只會造成孩子對書寫愈來愈感到挫折和抗拒。**

若要訓練孩子寫字的大小逐漸維持在適當的水準，可以藉由格子的限制或是小紙條，讓孩子試著適度地把字寫進範圍內。

此外，也要釐清孩子無法順利寫出適當大小的字，與手部功能、精細動作的控制有多少相關性。關於這一點的釐清，建議轉介職能治療師介入、協助。

別再為難書寫障礙孩子

我常常開玩笑說：「在聯絡簿上，字寫得最醜的往往有兩組人，一是父母，一是老師。」

父母簽名時不是簽正楷，多半是龍飛鳳舞地畫龍點睛一下。簽名只是一種符號，表示自己已看過聯絡簿、確認過，或「我負責」等意思。老師並不會把父母的字圈起來，要求他們重寫，卻會要求孩子重寫。

或許你認為「孩子剛開始練習寫字，把字寫好是很基本的」，這個想法，我認同。最好的情況是孩子一開始就能夠學好。但是，如果孩子在書寫上有困難，我們實在不要再為難他。

運用遊戲，醞釀書寫的「動力」

讓孩子練習書寫，需要一些動力。

例如玩想像遊戲，你可以拿起手機假裝講電話，告訴孩子「幫我記一下電話號碼」，接著對話筒說：「你好，你說電話是0958××××××……」孩子參與遊戲，就容易主動拿起筆，寫下你所說的數字。

如果希望孩子寫下生字，可以告訴他：「幫我記一下地址，台北市信義區……」孩子便會很自然地把這些字寫下來。

「動機」，真的非常重要。有了動機，書寫的意願會很強烈，落筆的機率自然高出許多。

若書寫動機被破壞、甚至被瓦解，對於書寫產生厭惡的孩子自然會開始迴避書寫。讓孩子對書寫感到厭惡，絕對是不智之舉，因為這只會逼得孩子愈來愈逃避、愈來愈討厭書寫。

孩子，你不需要什麼都懂

——接納自己的限制，發現自己的無限

學習障礙孩子的困境

「你能不能專心一點？別老是東張西望。這個單元教了這麼久，怎麼還是學不會？其他同學都算得滾瓜爛熟了。你再不努力一些，我看你數學會永遠墊底。」

老師說歸說，文泰聽了卻沒什麼感覺。類似的話，他不知聽大人講了多少次，都可以倒背如流了。

但老師沒注意的是，文泰在國語、英文、社會、自然課的表現優異，和數學完

全不一樣。

文泰的專注力，真的有問題嗎？

● 我們真的不要把什麼事情都扯到專注力，而是要思考孩子的表現，到底反映了什麼情況。

沒有一個孩子或大人是十項全能的。好吧，身旁是有各科表現都在水準以上的人，但其他同學難道是十八般武藝都會嗎？

人生，也不需要如此。

以我來講，自然科（比如物理、化學、生物等）是我最弱的。面對這些科目，要維持專注力，我就先豎起白旗。我的程度真的連國中生都不及。

但這不表示我的專注力出問題，而是我壓根很難理解，或者更直白地說不想理解，因為我的興趣不在這裡。你可能會說這些是很基本的科目啊，念書時，不都是必要的科目嗎？

考試歸考試，勉強死記加硬背，或許真的可以考得差強人意。但我很清楚，考

學習障礙

——逃不出的學習噩夢

完，就結束了，拿到分數後，那些內容就會從腦袋的資料庫直接刪除。

或許也可以這麼說，在我的生命中，沒有很好的物理、化學、生物等知識，也無傷大雅。有一天真的需要時，再尋求相關專業的人即可。

誰不想要樣樣好？但這是可遇不可求的。

我的印象很深刻，大女兒念小學六年級，即將讀國中前，我告訴她，「姊姊，你的數學可以問我，甚至於可以問到大學。但是理化不要問我。」

身為父親也是有自尊心的，因為自然科不管怎麼問，我都答不出來。

尷尬的是，女兒念七年級時問我，「爸爸，你不是說數學可以問到大學？怎麼現在七年級下學期時問你，你就回答不太出來？」

國中數學真的愈來愈困難，也許孩子問比較專業的補習班老師或學校老師比較快。

瞭解每一個人的限制，這是必須要有的態度。

孩子，你真的不需要什麼都懂，因為我們也不是如此。

學習障礙

——逃不出的學習噩夢

理解、陪伴與協助學習障礙孩子

融合影片：《心中的小星星》

想要瞭解學習障礙孩子的內心世界，《心中的小星星》（*Taare Zameen Par*，二〇〇七）這部印度電影，是你非看不可的電影。

劇中主角是患有閱讀障礙、書寫障礙與數學障礙的小男孩伊翔，在教室裡，總是被誤解、被冷落，甚至一度自己選擇了放棄學習。

沒有一個孩子願意天生落後，老是學不會。我們如果僅是催促、抱怨、指責、怒罵，絕對無法讓學習障礙孩子跨出天生的讀寫限制。

請再次提醒自己，學習障礙，絕對不是態度的問題。別再歸咎於孩子不認真、不努力、不用心。孩子絕對不是笨蛋，這一點，你一定知道的。

請正視孩子這隱性的特質。試著找到孩子相對優勢的能力，就如同電影中，伊翔的繪畫天分被老師發現與看見。每個孩子一定都有他相對的優勢能力，不需要與別人比較。

讓孩子能夠感受到他所擁有的能力，就如同伊翔從畫畫中感受到自己隱藏多年而終見天日的自尊與自信，以及終於能呼吸那自由自在的學習空氣。

別再執著學習一定非得如何不可。無論是聽、說、讀、寫、算，輸入、輸出，都請找到最適合孩子的方式吧！讓一顆顆心中的小星星能夠發光發亮，學習障礙的孩子也能擁有他的一片天空。

教育，不能只有唯一一種方式

真心推薦HBO的影片《不讀之才》（*Journey Into Dyslexia*，二〇一一），讓閱讀障礙孩子瞭解原來自己並不孤單，在這世界上，有許多和自己狀況類似的人，知道他們是如何看待自己，並且嘗試將所遭遇到的學習困難說出來。

當孩子愈能夠明確表達自己的內心，就愈有機會找到問題的核心。讓閱讀障礙孩子瞭解無論什麼樣的情緒或感受，都很自然，都應該被接受，沒有對錯。自我表露的過程很不容易，亟需要我們的支持與陪伴，讓孩子能夠有勇氣脫口而出。

《不讀之才》這部影片提醒我們，教育不能只有唯一一種方式，非常適合讓班上有學習障礙的孩子與同學們一起觀看。

每一個孩子的學習模式不盡相同，「因材施教」這句老掉牙的話，真真切切地反映了教育的本質。

學習障礙

——逃不出的學習噩夢

教育不該僅僅是一種中央廚房系統的概念，只是把菜（固定的一套教學模式）先做好，等孩子要食用（學習）時，再從中央廚房大量端出來（授課），不管你吃不吃，無論你適不適合。

當然，這樣的教育方式最簡單、最速成，準備的時間成本最低。但我們卻沒注意到對於學習障礙孩子來說，他的特殊需求被忽略了。他有需要吃一些為他「量身訂作」的不同的菜。

但每個人都有限制，就如同老師在教學上也有其限制。不能要求每位老師都懂得特殊需求孩子究竟是怎麼一回事。

對於班上有閱讀障礙、書寫障礙、數學障礙等學習障礙的孩子，若老師願意試著撥出一些時間瞭解，至少能夠明白他們並非故意要如此。當老師把自己的不適當態度收起來，合理地對待孩子，孩子就會發現老師是真真切切地試著瞭解自己。

孩子內心感到被接受了，學習路途便不孤單，因為有老師的陪伴。

孩子在情感上被接受，至少自信被支撐住，也更有勇氣坐在教室裡，面對一般教育的挑戰。

當然，仍然有許許多多教學策略需要客製化與量身訂作，融合各種特殊教育專業，我們盡力而為，協助孩子多走一步是一步，讓孩子重拾屬於他們的學習方式。

該怎麼看待閱讀障礙、書寫障礙呢？

要說是一種疾病嘛，事實上，這樣的疾病並沒有所謂治療的藥物。更好的方式是轉變我們看待的角度，若能從更多元的角度出發、提高接納性，就可以更合理地看待這些孩子。

這些孩子其實非常辛苦。長久被汙名化、指責與糾正，沒有人受得了，尤其是在幼小的心靈中承受著莫大壓力，遭到言語批評、指責、揶揄、訕笑與霸凌。孩子會承受不了的。校園適應的困難、學習的困難，再加上師生關係、同儕關係，以及情緒的困擾，孩子有什麼理由願意好好地坐在教室裡上課？到校上學，對於這群孩子來說真的需要足夠的勇氣，否則很難待下去。

每一部紀錄片、微電影，其實都在訴說著有些聲音需要被聽見。邀請你來觀賞，如果你願意瞭解這些孩子，他們真的會感謝你。

搗蛋，是一種「走投無路」的表達
——以搗蛋掩飾學習困難

學習障礙孩子的困境

「我在教室裡的功用只剩下搗蛋。如果連搗蛋的能力都沒了，不曉得自己還有什麼存在的必要。」這是鎮廷無處傾訴的心聲。

鎮廷常常被老師抱怨像個過動兒，干擾上課，建議媽媽帶他到醫院接受評估。

「媽媽，鎮廷上課時根本沒在聽，常把桌子搖來搖去，不然就是故意把筆掉到地上，乘機轉頭跟同學說話，還老是發出怪聲，一直在動，完全靜不下來。他淨說些和上課無關的話，只會搗蛋。問他為什麼要這樣做，總是對我聳肩、搖頭，說他不知道。」

老師不知道的是，鎮廷只能用搗蛋這種方式隱藏自己的學習困難，轉移同學及老師對他在學習上的注意。但他也因為搗蛋，老是被處罰。

不過，處罰對鎮廷已沒有太大的作用，忍一忍就過去了。

「我根本不想到學校來，寧可在外面晃。就算得去媽媽的店裡幫忙，也不想來學校。在教室裡，痛苦又難熬得要死，像待在地獄一樣。老師和同學只會罵我、念我和嘲笑我，讓我覺得自己是個糟糕、愚笨又沒有能力的人。在這個班上，我是多餘的。我存在的意義，只剩下搗蛋。」

理解、陪伴與協助學習障礙孩子

課後班，真的有成效嗎？

學習障礙孩子很容易因為學科的低成就而被安排到課後班，但是在課後班，一個老師往往要面對不同年級的孩子聚集在一起，「完成課業」是主要目的。

到課後班對學習障礙孩子的幫助有多大？

父母質疑：「放學後，我讓小孩留在課後班，可是他還是不寫作業，而且在那邊搗蛋。」

老師也沒辦法。「我在課後班要照顧那麼多人，該教的、該罵的、該處罰的都做了，對孩子卻起不了任何作用。」

孩子怎麼想呢？「你罵我，我當作耳邊風。你處罰我，我就是不為所動。叫我寫功課，我不拿起筆，你也對我沒轍。」

重點還是在此：老師的時間、能力有限，沒有辦法逐一針對學習障礙孩子的障礙特質做應有的調整，例如進行報讀或聽打。

然而，孩子在閱讀輸入或書寫輸出上有困難，或者同時有讀、寫問題，想要透過課後班獲得應有的協助，真的很難。

缺少學習成就感，以搗蛋吸睛

孩子把上課後班當作放鬆，反正一群同學吵吵鬧鬧，老師也管不動。

既然在學科上沒有成就感，自己至少還剩下搗蛋的能力。學科無法獲得老師及同學的關注，那麼調皮搗蛋就是最簡單、快速的方式。

孩子懂得運用「槓桿原理」，只要自己一作怪，吸睛效力可達十倍、百倍，讓老師的教學受干擾，所有的關注聚焦在自己身上。

被關注，就如同兩面刃。孩子因被看見而感到獲益，實際上，卻也造成同學、老師對他的印象愈來愈差。

很殘酷，在一個班上，按照學科排下來，總有倒數的幾名學生。孩子學業落後、成績墊底，老師並不覺得有什麼問題。但是當孩子開始調皮搗蛋，干擾上課秩序，老師便無法嚥下這口氣。

孩子的課業成績沒有跟上，行為卻逐漸偏差，更加深老師與同學對學障孩子產生極度負面的印象。最後很容易如此歸咎：就是因為不愛念書、不遵守規矩、愛調皮搗蛋，成績才這麼落後，一點都不值得同情，更別說同不同理。

如何讓學障兒願意到校上課？

換個角度思考：學習障礙孩子到學校的動機及目的為何？如何讓他每天起床

後，願意到學校上課？

別光說「上學是學生應盡的義務」，這對孩子來講，太無感又空洞，也沒有說服力。

倘若在學習輸入（例如閱讀）或輸出（比如書寫）上，孩子沒有獲得協助與調整，反而不斷遭遇挫折，再加上老師不斷地嘲諷，那他為什麼要到學校？

學習障礙孩子出現「拒學」狀況的機率非常高。為什麼孩子不想上學？可以設想，在學校沒有學習成就感，被誤會、遭排擠，在凡事都被比下去的情況下，只會讓他覺得自己愈來愈糟糕。

待在教室裡好像被放入壓力鍋，被壓得喘不過氣。如果再加上老師不合理地要求與對待，被視為不認真、不努力，壓力就很容易破表，令人承受不住。

但問題不只在這裡。

分組也會帶來巨大的壓力。遇到要分組時，其他同學會認定他的程度很差，沒有人想和他同一組。

我們設身處地想想：分組時，明知同學的程度不理想，你會選擇和他同組嗎？

我相信除非老師特別安排，否則絕大多數的人不會考慮。

「我可以和你玩在一起，但是學科分組真的沒辦法在一起」，這個想法很殘酷，但也是一種身不由己的現實。

面對教室裡的這些壓力源，如果孩子沒有獲得應有的協助，學習障礙孩子就會一直處在這樣的困境裡，也就一次又一次地愈加逃避，對上學更難適應。

孩子拒絕到學校，學習進度明顯落後，與同學的距離也就愈來愈遙遠。對孩子來說，拒學是一種不得不的生存選擇，至少在家裡比較好過。除非在教室的生態裡，老師願意拉他一把，以及同學們願意釋放友善的空氣。

老師真的不要只是批評，這對學習障礙孩子來說是最忌諱，也最厭惡。用罵的，孩子的學習成就並不會因而有起色，只會更加沉淪。用罵的，孩子的自尊和自信只會愈被糟蹋，而陷入暗黑的深坑裡。

學習障礙孩子很容易走到憂鬱這條路上。長期的情緒低落、挫折與被排擠，都會讓孩子在整個學習歷程中，一直找不到自我存在的價值。

他們被老師否定、被父母否定、被同學否定、被周遭認識的所有人否定，最後連自己也否定自己。身旁沒有人瞭解自己，沒有人願意伸出援手，無人陪伴……難以跳脫這樣的困境，一天一天，永遠沒有結束的時候，那是永無止境的黑暗。

他會這樣想著：在這個世界上，自己到底有沒有存在的必要？誰來救我？誰能瞭解我？——若孩子發現「沒有人」能拯救他，很可能會自我傷害。

找出「不知道」背後的真正原因

與孩子對話時，我們拋出問題並期待孩子回應，孩子卻對著你聳聳肩、搖搖頭，或者直接告訴你：「我不知道。」

當孩子說「不知道」或不願回應，讓我們停下來思考：孩子是不想說、不知道怎麼說或不願意說？還是有其他原因？

孩子反映「不知道」，我常常回：「所以我才要問你。既然你不知道，那我們就花點時間知道」。

這麼講，主要是先設定孩子是有能力思考的，他只是不假思索便直接回答「不知道」。

有時孩子是真的不知道，我就會回：「既然如此，好吧，那就由我幫你說出你的想法、說出你內心的感受——」我先幫孩子說完，再由孩子複誦我所講的內容。

讓他複製、貼上，模仿我們的說法，也是一種自我表達的練習。

我其實很擔心，孩子長久地動不動就回答「不知道」。因為一旦不太動腦思考，問題便會反覆出現，久而久之，也就變得不太有能力思考。很少動腦筋，久了還真的不知道腦筋該怎麼動。

特別是注意力缺陷過動症孩子，不太願意思考、不太能思考，也不太愛思考。思考的能力太少練習，便慢慢退步了。

如果孩子聳肩是因為當下不願意說，我會讓孩子知道，或許我們晚一點選另外的時間，或者換另外一種方式、換個地點，再和他談。

孩子不是一定得跟我談，只要他願意與某個大人談，都是個機會。

若孩子不願意和爸媽談，卻選擇與輔導老師、心理師談話，也是在告訴我們：親子關係之間，對於內心的一些想法、祕密及一些事情的看法，是否有些待瞭解和釐清的困境。

有的孩子不想講出來，主要問題在於對立反抗，對大人的要求顯得不以為然，於是覺得「我不說，你也拿我沒辦法」。在這種情況下，孩子取得了制高點。

學習障礙

——逃不出的學習噩夢

有些孩子不說，反映的是焦慮，比如選擇性緘默症。

至於學習障礙孩子不說，或許是出於這樣的想法，「說了，有用嗎？你們願意改變對我的態度嗎？」

不說話，其實反映了許多不同原因，有待我們進一步地釐清。

學習障礙不等於「學習低成就」
——別錯誤連結，相提並論

學習障礙孩子的困境

「你怎麼還在寫？停筆。下課鐘聲響，該交考卷了。」老師提醒易哲。

易哲額頭盜汗，考卷的最後幾題留下一大片空白。

老師看著考卷，搖搖頭說：「你到底有沒有在看書呀？竟然空白這麼多。」

這句話傷透了易哲的心，他支支吾吾地問：「能不能再多給我一點時間？」

但老師冷漠且制式地回答：「這怎麼行。大家的考試時間都一樣，多給你一點時間，那其他同學不就會要求比照辦理？」

易哲的問題不在於不懂或不會寫，而是他的書寫速度真的好慢。

「寫不完，抱怨有什麼用。你明知寫不完，下次就好好念書。拖拖拉拉的，空在那邊，難怪考這麼差。」

易哲沒寫完，到底是不會寫，還是沒有時間寫？

最快的確認方式就是「多給他寫的時間」。如果他能夠作答，並且正確回應，便很明顯是書寫速度或精細動作握筆的問題，而不是會不會寫字或理不理解的問題，因為答題的正確率高。

問題或許不在於沒有準備，而是易哲在書寫的處理速度上，真的比其他同學緩慢。也因此導致在考試時，往往完成了前面的五分之三或五分之四，但後面的題目來不及寫而空著，分數被白白扣掉。

一次又一次因寫不完而造成的低成就，讓易哲深深感到挫折。

「我就是寫不快，到底能怎麼辦？我只能跟老師要求多一點時間，但老師始終是那句話：『這不公平。』但是，什麼叫做公平呢？」

理解、陪伴與協助學習障礙孩子

擴大追蹤觀察的範圍

對於孩子寫字，我們可以將觀察的範圍擴大些，透過他在班級、社團、安親班、補習班與日常生活的情況做判斷。

整體來說，**如果孩子有書寫障礙，呈現出的問題應該是全面的，而不會只有某些學科的錯字一大堆，在其他感興趣的活動上則沒有錯誤。**

例如有些爸媽感到迷惑：「說孩子不會寫字嘛……但我常常發現他在房間裡自得其樂地拿起筆，寫下許多感興趣的恐龍名稱，比如雷克斯霸王龍、暴龍、三角龍、劍龍……這些字多難寫啊，可是仔細看，字的正確率比平時寫在作業本上的高。他是真的不會寫，還是不用心在課業上？」

延長考試時間

在哪些情況下，我們會希望學校延長孩子的考試時間？

書寫速度比較慢的孩子，需要有充裕的時間作答。

但如果是專注力缺陷的問題，需要的並不是長時間作答。給予愈久的時間，他答題的效果只會愈差。誇張一點地說，甚至你把整個青春託付給他，孩子依然表現渙散和不理想。

短進短出，分段作答

注意力缺陷的孩子需要的是將考試時間分段，例如把一節課的考試分成上、下兩段，或是兩頁的考卷分成兩張分別作答。

對於注意力渙散的孩子，適合採取短進短出的方法，將時間縮短、範圍縮小，孩子的表現反而更容易精準。並且，在兩段考試之間的休息時間，避免接觸太過刺激的活動，以防在轉換注意力上出現困難。

「學業低成就」與「學習障礙」的鑑別

「學業低成就」與「學習障礙」之間，該如何有效地鑑別？

「學業低成就」與「學習障礙」，這兩種情況並不對等，要試著找出兩者各自的關鍵環節。

我們必須不斷地抽絲剝繭，找出孩子的核心問題。這些問題不會只是一條線，有時候是許多線糾纏在一起，到最後讓孩子在學習上打結，甚至於打成死結，無法跳脫出去。

造成學業低成就的因素非常多，不能將學業低成就與學習障礙劃上等號。但是，學習障礙孩子如果沒有獲得應有的協助，導致學業低成就的機率將非常高，而且狀況會愈來愈糟糕。

以輸出來說，可以觀察孩子是否在考試、評量和作業的紙筆測驗上，寫字的錯誤率高，對於感興趣的內容，例如自編遊戲祕笈、書寫恐龍百科等，卻維持極高的正確率。

書寫表現的不一致，大致反映了孩子較沒有把時間花在學業上，屬於學科的學習動機低落，而較不傾向有書寫障礙。

有書寫困難的孩子，我們很容易執著於他還是得學會寫字，因為書寫很重要。

但除此之外，請讓孩子發展出替代的輸出方式，比如打字或口頭報告等。

書寫障礙孩子對於寫字非常認真地投入，然而，要他學會寫字就是非常困難。就像無法走路的孩子，我們抱持著期待，花了許多時間訓練他走路，孩子自己也非常努力地想要跨步前進，但這並不表示孩子有一天可以往前走。

努力是否一定會有成果？很無奈也很現實的是，答案不一定是肯定的，因為每個孩子的限制不盡相同。

難道要因此放棄孩子學習的可能性嗎？絕對不是。我們需要的，是瞭解人人都有其限制，如此才能比較合理地看待可能更適合孩子的其他學習策略。

學習障礙

——逃不出的學習噩夢

沒有人願意接受自己天生有學習障礙。那麼，為什麼要去責備這些孩子？對於肢體障礙孩子，你不會責備他為什麼走路不協調、走得這麼慢，為什麼在操場不會跑、在籃球場不會跳。

同樣地，關於學習障礙，無論是閱讀障礙、書寫障礙或數學障礙，我們也必須很仔細且合理地看待，否則一個又一個孩子將繼續莫名地被誤解，卻不明白自己為什麼淪落到這樣的處境。

別只看見分數
——墊底的人生，誰都難以忍受

學習障礙孩子的困境

爸媽因為阿元的成績沒有起色，決定開始限制他使用手機，以及剝奪他原本每個禮拜都有的零用錢。但是阿元覺得無所謂了。

在課業上，他並不是沒有努力，不過這也不重要。他總覺得自己的努力、付出和辛苦，爸媽一點也不想瞭解，只想知道最後揭曉的成績。

分數，決定一切。

學習障礙

——逃不出的學習噩夢

阿元曾多次想和爸媽說明自己的課業狀況，卻發現不說還好，愈說，親子間的衝突愈多，關係愈加惡劣，所以現在他索性不講。甚至在考完試後，不把考卷拿回家，也不想把成績寫在聯絡簿上，免得給自己找麻煩，也因此被老師糾正好多次。

阿元並非不努力、不認真，而是孩子心裡面有很多委屈與不解，在家裡卻完全沒有辦法與爸媽對話——除非他的分數有起色。

阿元覺察到和爸媽之間的親子衝突不斷，關鍵在於自己的成績一直沒有好轉的跡象。也注意到爸媽並沒有想要調整彼此的關係，只是一味認為他的成績不如人。

爸媽認為，「繳了錢讓你補習，還買了教材，你自然應該交出好成績。」「誰不想要有好成績？」阿元則是在心裡納悶著，「但是努力追求好成績，是為了滿足父母的期待、虛榮心？還是為自己的將來著想？」

他有許多疑惑，不知自己為誰而戰，以及為何而戰。

他覺得親子關係現在只剩下分數。分數，決定了一切。國文、英文、數學、社會、自然等各科成績好，爸媽就會展露微笑，甚至於熱情擁抱與重金獎勵。

相反地，分數若差強人意、不符合預期，換來的一定是冷嘲熱諷，劈頭就對他批評、指責、糾正，甚至謾罵。

這對大人，實在讓阿元愈來愈厭惡。

眼看親子關係在慢性惡化，除了爸媽沒有調整的動機，阿元也表現出消極態度，不想做任何改變。

愈是這樣，家庭氣氛愈是籠罩在低氣壓狀態，積壓在胸口，令人喘不過氣。

「到底有誰瞭解我？」

爸媽就近在眼前，阿元卻感到內心無人知曉。最遠的距離，竟然就在家裡。

理解、陪伴與協助學習障礙孩子

墊底，沒有人受得了

沒有人喜歡落後的感覺，我們卻讓孩子一直在學校陷入這種狀態。

誰不喜歡超前？誰不喜歡被肯定？誰不喜歡展現能力？在教室裡，我們卻讓孩子愈來愈瞧不起自己，甚至周圍的人也反映出這樣的眼神。沒有人受得了處在這種停滯不前的狀態。

學習障礙

——逃不出的學習噩夢

大人以一句話下了評斷：「誰叫你不認真、不努力，才自食惡果。」孩子的委屈無處訴。「誰說我不認真、不努力？無論我怎麼做，結果就像你們看到的，墊底、墊底、墊底、墊底！」

如果沒有一定的抗壓性，誰都無法喘氣。相信沒有人會想持續陷入這種狀態。就像無盡的深淵，在地底下，抬頭看不見陽光，手也搆不著出口，無論如何奮力跳躍，就是跳不出去。在這種陰暗的角落裡，完全看不清四周。

實在無法想像，不管自己多想吶喊或呼叫求援，也明知沒有用，因為身旁沒人；或者就算旁人聽見了，也沒人想伸出手拉一把，只是無盡地訕笑。耳邊迴盪的還是那句自己不想再聽到的話，「誰叫你不努力。如果你認真一點，今天就不會是這種結局。」

無從改變的絕望

預期自己永遠墊底、再怎麼努力都改變不了——這種「習得無助感」，任誰都受不了。

想像結局彷彿早已注定，在學校裡就算再怎麼努力，還是無法改變情況。孩子只能雙手一攤，遠遠逃離這個讓他壓迫感非常大的地方。畢竟，誰受得了一直被否定，每個人都只看到他最糟糕的狀態？

孩子的能力真的這麼差嗎？當然不是。

但是，他再也不會相信自己。成績與名次血淋淋地攤開在眼前，不管前面的分數、名次如何變化，自己就只能如同一塊大石頭般扎扎實實地墊底。

老師時而發出酸言酸語：「這種分數真的要納入全班總成績嗎？這樣不是把全班同學的分數往下拉？」

一天、兩天、三天，一個學期、兩個學期……這種無止境的狀態，完全沒有人受得了。

為什麼學習障礙孩子想要從學校逃跑？

因為同學間的比較令他難以忍受。沒有人想表現出糟糕的模樣，被同學訕笑，所以孩子只想跑走。在學校裡，承受著鼓譟、譏諷，完全感受不到任何人對自己有期待。

閱讀障礙孩子，我們希望改善其閱讀能力；書寫障礙孩子，我們期待改善其書寫能力。但是，能不能先幫孩子鋪出一條替代的道路，讓孩子透過適合自己的策略

學習障礙
——逃不出的學習噩夢

學習，例如以影像、操作取代文字閱讀，以口頭述說、電腦打字取代文字書寫。

先讓孩子找到他的輸入與輸出模式，給他時間和機會，累積基礎概念及學習能力。

別只是針對學習障礙孩子的限制、學習弱點，要求他奮力爬起來。孩子若長期關注於自己的限制，久了，他的目光將只停留在這些無力的點上。

每個孩子有各自擅長的能力與適合的學習方式。先把限制暫時擺在一旁，調整孩子在考試、評量與面對教學的學習模式，建立基礎概念，進而試著找出對他們而言比較容易有收穫的方法。

第五章

方法對了，親師生三贏

「老師」是提升專注力的最佳良藥
——突破教學上的盲點

學習障礙孩子的困境

「吃藥、吃藥，又是吃藥！不要再叫我吃藥。吃了這麼多藥，一點效果也沒有，除了讓我噁心和心悸，根本沒有任何作用。」對著面前的藥，和謙放聲大哭。

媽媽正想勸說：「可是——」

「可是什麼？吃藥的又不是你。你感受得到吃藥的那種痛苦嗎？」

媽媽實在說不出話來，吃藥的是孩子，做母親的心裡也難受，但是又能如何？

老師不斷地向他們夫妻反映，孩子在學校的成績不理想、上課不專心，催促他們帶和謙去醫院做評估，診斷他的專注力是否有問題，並且強烈建議要醫生給孩子開藥。

無奈的是到了醫院，醫生二話不說便回應：「既然你們有這樣的需求，那就嘗試用藥看看。」

媽媽原本心想或許這是一線生機，透過藥物的協助，有機會改善和謙的專注力問題。但是，藥物的強烈副作用讓她的心揪起來，相當矛盾，加上和謙對於吃藥的強烈反彈，讓她不知該如何是好。

服用了利他能之後，孩子的專注力是有些改善，但老師依然有疑問。「媽媽，和謙的成績怎麼還是沒有起色？要不要再跟醫生討論，是不是藥物劑量用得太少？」

曾幾何時，老師成了藥師？

「難道就只能透過藥物嗎？到底該怎麼辦？」

不只孩子疑惑、老師疑惑，媽媽也疑惑了。

理解、陪伴與協助學習障礙孩子

藥物絕非萬靈丹

藥物是提升專注力的處置方式之一，但絕對不是唯一方法，孩子需要謹慎的處方。在思考是否需要使用藥物時，必須很嚴謹，至少要先嘗試過教學方法的調整，如果依然沒有明顯改善，再考慮用藥。

千萬不要把藥物視為提升課業成就的萬靈丹。造成孩子學習低落的因素，需要我們仔細地抽絲剝繭。

當老師突破自己教學的盲點……

我們很容易將學業上的低成就問題，歸咎於孩子不專心、不認真。然而，真是如此嗎？

我們很少回過頭思考教學內容與方法是否足以吸引孩子，很容易就忽略了自己的盲點，認為千錯萬錯都是孩子的錯。

或許老師在課堂上，的確發現孩子的專注力表現不像其他同學那麼理想。然而，學習低成就絕對不只是專注力問題那麼單純。希望透過服藥提升孩子的專注力，進而提升學習表現，但如果關鍵不在於專注力問題呢？

釐清學習障礙與專注力之間的關係很重要。這一點，往往需要透過資源班老師、心理評量人員、臨床心理師、職能治療師、語言治療師及相關醫師進行評估，協助釐清。

提升專注力，讓整個教室都是搖滾區

演講時，我常常告訴現場聽眾：「不管你坐在哪裡，對我來講都不是重點，因為全場都是我的搖滾區。只要我願意走動，誰說這裡叫前面、那裡叫後面。走到後面，我就可以翻轉整個場地，讓後面變成前面。」

簡單來講，這就像在班級經營中，如果老師上課時願意走動，就有助於吸引住孩子的專注力。

我也常常和現場聽眾講：「這場演講，如果你想要好好聆聽，聰明的你會選擇坐在前面。怎麼說？坐在前面，我們的距離這麼近，在我們之間沒有不相關的刺激和干擾，對於專注力的維持及接收，效果與品質最好，同時耗能也最低、最不費力。反過來，選擇坐在後面聆聽這場講座，中間的長距離將讓你多耗能，整場講座聽完會很疲憊。」

從實際面來看，一般的演唱會，最貴的票在最前面的搖滾區，因為最有臨場感。

而坐在最後面，與演出者、講者維持長距離，要保持專注是很吃力的。

教室愈遠端的孩子，愈接收不良

為了減少對教學產生干擾，班上若有注意力缺陷過動症孩子，老師多會選擇把他的座位排在教室的後端。但是聽者坐在最後面，與講者之間有許多不相關的干擾、刺激，注意力很容易渙散。

對於學習障礙孩子，老師往往也照做，當孩子出現干擾情況，同樣往遠端安置。但事實上，這麼做等於在說「我放棄你了」，因為學障孩子坐在後面，隔著一段遠距離，在聆聽的過程中，需要耗費更多的專注力，也更加吃力。

以演講警語為例：拉回專注力有技巧

演講中，我常提醒現場的聽眾：「如果是孕婦、有高血壓、心臟裝了支架或抱著嬰兒的人，請盡量避免參與我的講座，因為會被突如其來的聲音、動作和臉部表情等驚嚇到。」

這麼說，反而促使聽眾們保持著警覺性，更投入在講座中。

與其抱怨孩子不專心上課、聆聽，或許可以試著先回到自己身上想想，思考我們如何透過表情、動作、聲音、語調與內容，甚至邊講邊演，配上互動，就像要吸引住現場聽眾的專注力一樣，來面對教室裡的注意力缺陷孩子。

在我的演講中，要打瞌睡是非常困難的。我常半開玩笑地說，因為聽得太專注，演講結束之後，反而更好睡。在現場想要改作業或聊天也很難，因為我會把聽眾們當下的舉動，融入我的演講情境中。

寫下這些，目的在與老師們分享一點：在班級經營中，我們可以很有技巧地把孩子的專注力拉回來。

學習障礙

——逃不出的學習噩夢

「身教」是最佳良藥

我想要強調一點：無論在什麼情況下，「身教」都是最佳的良藥。

當我們抱怨孩子上課不專心、沒有參與感，同樣地也可以思考，自己參加講座時是否也有這樣的態度。

很單純地，希望孩子怎麼說、怎麼做，最快的方式就是我們大人先這麼說、這麼做。

責怪很容易，代價卻高昂

——謝絕對孩子的冷嘲熱諷

學習障礙孩子的困境

「永坤，翻開第三課，把第一段讀一遍。」

被老師欽點念課文，永坤愣住了。

「我再說一次，把上面這段讀一遍。」

永坤勉強開了口，卻支支吾吾。

坐在後面的同學開始鼓譟：「哈！你是塑膠喔，到底有沒有在聽？第一段呢？

學習障礙

——逃不出的學習噩夢

趕快讀啊。」

永坤何其不想就這樣開口，像其他同學一樣幾秒鐘就把這幾段念完。但是，每個字似乎都在對自己訕笑、揶揄著。

「我是誰呀？你認得我嗎？拜託，見過那麼多次，竟然還叫不出我的名字。」

「你是老花眼，還是近視？看不清楚嗎？重新配一副眼鏡好了。還是要特別為了你把字放大？」

這些字不斷發出吵鬧的聲音，讓永坤焦慮又懊惱。

「討厭死了，我根本不想見到你們！」

永坤在心裡埋怨著這些字。雖然其實不是字的錯，而是自己與文字之間的關係，真的建立不起來。

每當老師要求自己把文字讀出來，實在是令他生不如死啊！

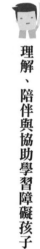

理解、陪伴與協助學習障礙孩子

別再連珠炮似的抱怨了

在第一線的教學上，我們要非常謹慎地留意，是否不經意地將許多標籤貼在孩子身上。比如這些常聽見的抱怨：

「這麼笨，老是學不會。你到底哪根筋不對？」

「人家都會，只有你不會。你就是不認真。你到底什麼時候才會開竅？」

「你這種分數會把我們全班拖垮。我看，你要不要到特教班去？」

「你到底有沒有吃藥？」

「不專心、不用心，你就是懶惰！」

「同學們不要跟他學，否則你們以後都會沒出息。社會是很殘酷、很現實的，如果不認真又不努力，連一個字都不會寫，我看你以後怎麼辦。」

這些冷嘲熱諷完全不會讓孩子腦袋開竅、成績突飛猛進，只會造成相反的影響。我們必須抽絲剝繭地瞭解孩子的問題環節。

責怪，對改變學習成果真有幫助嗎？

「責怪」是最容易的方式，因為一切錯在對方，我們只出一張嘴。

但有一件事得好好想一想：責怪，對改變孩子的學習成果真有幫助嗎？

有人可能會說：「因為孩子不喜歡被罵，就會努力。」我們往往天真地以為用罵的就有效果，成績就會有突破。

但我要強調，學習障礙孩子的改變，單靠努力是不夠的。

除非以符合孩子的學習策略為前提，否則**只盲目地要求努力，孩子到後來只會愈來愈挫折**，花了時間、心思，專注再專注，卻沒有達到預期的作用，只是在原地踏步、停滯不前。

我們需要找出符合個別情況的方法。**每一個孩子因為神經心理功能的殊異，所呈現出的特質都不相同，這也是為什麼必須為每一個孩子量身訂作學習模式。**

孩子的壓力，需要出口

引導孩子試著把心裡面的感受、委屈說出來。

能夠說出來，對孩子來說是一種很好的抒解壓力方式。長期積壓在心裡，很鬱悶，若能夠說出來，也能讓大人瞭解自己。

試著讓孩子用自己的說話方式講講看。先不給任何評價，讓孩子以自己所思考、所感受到的任何方法，試著說出來。

「我也不懂自己到底怎麼了。我也很想要像其他人一樣。可是我一直努力，依然沒有辦法達到爸媽及老師的期待。我也想弄清楚自己究竟是怎麼回事，可是實在摸不著頭緒，也沒有人可以好好地告訴我。我只能承認自己確實很糟糕，但愈是這麼想，愈發現自己果然像預想的那樣，愈來愈糟糕……」

別再跟孩子抱怨「你太不認真」。有多少孩子非常認真，但是依然無法達到大人的期待。

孩子腦中的認知歷程真的非常複雜，有時，往往連當事人都不清楚自己到底怎麼了。我們先不要給予任何評判。

學習障礙孩子很容易衍生負面思考，常見的現象包括對很多事情陷入二分法，非黑即白，同時很容易以偏概全。國語成績不理想，就認為自己在其他科目的表現也一樣糟糕。數學成績不及格，很容易擴大認為自己日後念國中、高中、大學，數學都會被當掉。

像剝洋蔥般，一層一層地釐清問題

讓我們像剝洋蔥般，一層一層地釐清孩子真正的問題癥結。

不要只是以偏概全地否定，那會使得孩子自我預言「反正我就是那麼差」、「反正我就是學不來」、「反正不管我怎麼學，都這麼爛」……這解決不了問題，只會讓問題更加複雜，情況每況愈下。

當孩子認定自己的成績就是很糟糕，而考試結果也果真如同預料——愈是這樣自我應驗，孩子就愈容易出現自我放棄的念頭，「我就是這樣糟糕」、「反正我怎麼努力都沒有用」，最後真的放棄。

常常看到父母與孩子在「專注力」這點上，不斷地拉扯、爭執。請暫時先把

「不認真」這句話拋開。認真是一種態度問題，但學習障礙是認知歷程出問題，而不單純只是態度。

我們往往將孩子的狀況視為態度問題，責罵、要求、威脅利誘，但是這麼做，無法解決孩子在學習歷程中遇到的困難。

學習障礙複雜的地方就在於，每一個孩子呈現出來的樣貌不盡然相同。這也是許多第一線老師及爸媽最大的挑戰。孩子需要我們為他量身訂作屬於他的學習模式，並且加以搭配運用。

「老師，你可以把內容念出來，讓我用聽的嗎？我真的看不懂。我看書的速度很慢。不是我不愛看書，而是因為我閱讀速度真的很慢，得花許多時間辨識字的符號形狀，好瞭解那個字的發音到底是什麼。

「看完之後，還得解釋這些字的意思。常常看了一段，就忘了一段，同學都不曉得已經看到第幾頁了。

「幫幫我，先讓我懂再說，可以嗎？先不要只是叫我閱讀，因為我在閱讀上真的有困難。求求你，拜託拜託！先讓我聽得懂，讓我腦海裡面有概念再說。透過影片也可以。文字對我來講，真的很吃力。」

學習障礙

——逃不出的學習噩夢

讓孩子試著清楚地將內心的學習狀態，一五一十地反映給老師。孩子都講到這樣的程度了，請把這些話當作一回事，找出替代的方法吧！

不要再死守「學習只能用一套方式」的觀念。我們大人也不是這樣學習的啊！既然大人都懂得以自己擅長的方法學習，為什麼一定要強迫孩子用他最弱的方式學習？

你可能認為孩子還那麼小，還有很多機會能讀懂。這個出發點或許看似給孩子一個機會，是對孩子的期許，這不為過。但我們得回到現實層面，透過這種方法，孩子在短時間之內就是學不來。

不能只是完全透過這樣的方式。無法理解，沒有辦法在第一時間順利地讀懂，只會造成孩子對於閱讀學習愈來愈反感、排斥。

找對方法，才不會白努力
——讓親師生走出無能為力的困境

學習障礙孩子的困境

做爸媽的，無能為力了。

映蓉在閱讀時，很難一行、一行或一句、一句地看完。她不止一次告訴爸媽，讀文字讀得很吃力。有時整個段落裡，認得與不認得的字相互交錯，看似讀完了，卻讀不懂當中的意思，更不必說下筆作答。

學習障礙

——逃不出的學習噩夢

「我們花這麼多心思和這麼多時間陪伴，該提醒、叮嚀或該教的，盡己所能。請家教、找資源、找線上課程，用了很多方法，但映蓉就是無法學會。你說，我們能怎麼辦？

「老師只是一句話，『孩子的成績一直沒進步。』然後呢？我們可以做什麼？我們也一直不清楚到底哪裡出了問題。每當映蓉望著考卷、評量和作業，不為所動，我們做父母的心也像停止跳動，滿是挫折。誰不希望自己的孩子有亮眼的成績表現？」

映蓉的媽媽對著閨密傾訴，手上捧著冷掉的卡布奇諾，疲憊得不知該如何是好。

好多次了，女兒向她和先生反映：「我真的學不來，非常痛苦，你們沒有人可以瞭解我。書上的字，我真的無法讀懂。沒有辦法，花了許多時間，還是看不懂這些字。你們再怎麼逼我也沒有用。」

聽著聽著，做母親的她感到難過又不捨。「但書得念啊，你的考試還是會考，不然怎麼辦……」

導師三不五時地對他們說：「爸爸媽媽，你們真的要管管映蓉。你們看，她的成績這麼差，把班上的分數都拖垮了。還是她有什麼特殊的問題？或者該去資源班、特教班？也許，體制外的學校可能比較適合她吧……還是你們想要考慮自學呢？」

導師的冷嘲熱諷和不以為然的口吻，聽在爸媽的耳中是暗示著：「我沒有美國時間教你們的女兒喔。班上百分之九十九的人都會，就只有映蓉學不來，問題出在哪裡，很明顯了。」

理解、陪伴與協助學習障礙孩子

「因材施教」是真理

好教的學生，大家搶著教。但其實程度好的孩子，不管由哪個老師來教，成績都差不多。

關鍵在於，教育是「因材施教」，應該也要想辦法讓學不來的孩子學會。雖然這是老掉牙的觀念，卻非常重要。這也是我長期以來一貫的想法。

實際操作有助於強化理解

以聽覺理解障礙為例，當孩子無法透過單純的聽來理解訊息，老師不妨試著利用其他方法輔助，例如從視覺、圖像、實際操作切入，重新調整自己的講解方式。

舉例來說，孩子老是無法理解拋物線的概念，可以這麼做——

「同學，接著！」你快速把球拋過去。「再退後一點。」再度把球以不同的幅度拋出去。或者拿起水管，調整幅度，在草坪上灑水，讓孩子瞭解這就是所謂的拋物線。

孩子會豁然開朗地告訴你：「老師，我知道了，就像我們在小便池尿尿時，也是拋物線。」

讓孩子試著動手操作的同時，也可以逐一向他解釋要教給他的概念。

資源班老師加入合作

學習障礙，實在是急了爸媽、苦了孩子，老師又愛莫能助。

教學現場很現實，面對充滿異質性的學習障礙孩子，在普通班級裡，第一線老師除了既有的教學內容之外，還得重新設計出新的教學內容、課程教法、評量方式等，需耗費許多時間與心思。如果額外要求老師撥出特別的時間，與學習障礙孩子進行教學，是不容易的事。

不過，設身處地思考：與其他同學相較，學障孩子的學習歷程有明顯的特殊性，在注意、記憶、理解、知覺、知覺動作、推理等神經心理功能方面出現異常情況。若我們坐視不管，眼睜睜看著孩子在學習這條路上漸漸地黯淡，最後選擇放棄，這是非常可惜，也很無情的。

因此，要**透過擁有特殊教育專長的資源班老師，與父母及普通班老師通力合作，協助孩子找到最適合的學習方式**。

一直在原地、以原本的方式努力，是沒有用的

「不要再叫我努力！我不想再努力……我非常努力了。在我的字典裡，努力這兩個字已經被我透支了。你們要我『再努力一點』，是不是在暗示我之前不夠努力？但是事實並不是這樣啊！」

我們自以為出於關心地提醒、叮嚀孩子：「你可以再多努力一些些，或許就有

機會改變。」但現實並非絕對如此。就算加碼了時間、心力，改變卻微乎其微，除非針對學習的策略與方法量身訂作，重新修正和調整。

在原來的地方、以原來的無效方式繼續努力，只會耗費更多精力，讓孩子更無力。當無效是零，乘以任何數都等於零。

當相關評估顯示孩子在閱讀識字能力上出現異常，是否還要將時間、心力與注意力全部投入其中？關於這一點，我持保留態度。就像賭博，押注全部身家等待翻牌的那一刻，輸贏一翻兩瞪眼，但很容易血本無歸。

你可能會質問：「難道不用教孩子努力嗎？難道要眼睜睜看著他放棄學習嗎？」

當然不是。我強調的是要找出替代的方式，調整出符合孩子的學習模式。

誰想花了好多時間、吃盡苦頭，最後卻像是做白工，不只原地踏步，學習成就還可能一直往下落？沒有人願意如此。

我始終認為許多事情並非一定得怎樣不可。**無論輸入或輸出，每個人都有屬於自己的模式，沒有絕對的對錯**。但是，一定有最適合自己的模式。孩子需要我們陪伴著慢慢嘗試，找到自己的學習節奏。

接受「付出不等於回饋」的現實情況

許多學障兒的父母非常用心地想要釐清孩子的問題，檢查聽力、視力或感覺統合，評估智力，加強國語、數學能力等，花費許多心思、時間與開銷，只想讓孩子在學習上有所改善。

只不過很無奈、也很無力的是，付出並不等於能夠適時獲得應有的回饋。不只孩子感到心灰意冷，父母也是如此，親子被捆綁於彼此誤解的困局中。

父母盡力了，孩子也是。大家都很盡力了，沒有人希望結局如此。

每天眼睜睜看著孩子埋首書桌，寫著永遠無法拼正確的字；孩子則面對自己與這些字永遠拉不近的關係……實在讓人於心不忍。

其實，「脆弱」也是我們的一部分。不需要勉強自己，期待自己一定要展現出無所不能的樣子。

「比較」只會讓孩子覺得自己不如人

「比較」，真令人討厭，但是在學校裡、日常生活中和未來工作上，這種情況是一直都存在的。

「比較」只是讓孩子看見自己不如人的地方，不斷強調弱點，以及在學業表現上的弱勢。

不斷地比較，使孩子不斷被推向弱點的死角，只會一直注視到自己糟糕的模樣。一次又一次看著自己窘迫的樣貌，久了之後，只會對自己產生更不好的負面印象，漸漸地沉淪，心灰意冷，反正再怎麼努力也沒有用，最後的結局都一樣。

這將讓孩子不願意踏出家，走進學校大門，因為總覺得迎面而來的同學們，都在課業上壓倒性地勝過自己。

「比較」，只會把孩子壓得喘不過氣。

引導孩子調整想法，重新看待自己

許多大人會說：「但總要解決問題呀！既然不想落後，那就要想辦法讓自己進步。」

這又繞到迴圈裡了，又是反過來要求孩子提升表現。

在學習障礙的議題上，我不斷強調：要選擇符合孩子的方式，因為每一個孩子在認知學習上需要不同的配套措施。

只不過這些不同的思考，對第一線老師而言，是很耗費時間、心思與腦力的挑戰。例如孩子無法順利閱讀，需要有人在旁進行讀題，教室裡就得多出一份人力。

有些老師會強調：「這不公平。其他人都自己看題目，為什麼他需要別人幫他念題目？」

這份質疑，就是忽略了孩子在閱讀上的限制。

就像對於視障孩子，除非有點字或將字級放大的協助，否則我們不會要求他自己看題目。然而，我們卻要求有閱讀障礙的孩子自己看題目。

很明顯地，由於知道視障學生的限制，所以我們對他的包容及接納度比較高。但是對於閱讀障礙孩子，因為看不見他的弱點和限制，甚至覺得他眼睛好好的、人也聰明，看個題目而已，根本不算什麼問題。也就因為這樣的誤解，導致很多閱讀障礙孩子一直被不適當地對待。

「自學」的兩難

「我為什麼不能留在自己班上？我不想轉學，也不要待在家裡。我想要回學校，同學們都在那裡。」映蓉聽說得在家自學，向媽媽抗議。

媽媽好聲勸說：「可是你不是常常跟媽媽講，你不想到學校嗎？」

映蓉心裡很矛盾，她不想要的是學校的考試、作業、評量和寫字，但她在班上有一群很要好的同學作伴，並不想離開那個熟悉的環境。

可是留在班上，又痛苦難耐。

映蓉的心情很複雜，但總得做出選擇。

學習障礙

——逃不出的學習噩夢

對孩子來說，難道只有留下來或選擇離開的二分法，沒有其他的彈性方法嗎？

「自學」是另一種選擇，沒有絕對的對錯。

讓孩子選擇自學，是父母不得不的一種考量。有些父母對於自學有自己的一套想法與理念，甚至擁有資源、管道和支持系統。

但很現實也很無奈的是，有時，家長不知道該如何在現有的教育體制裡，為孩子爭取應有的特教權利，或者經過積極地努力爭取，依然無法獲得適合孩子的學習策略。

在自學的過程中，家長要投入的心力、時間、所付出的成本代價，相對來講是倍增的。不是每個家庭都可以承擔或套用。

關於自學的思考，我們要考量：閱讀障礙、書寫障礙、數學障礙孩子，是否要離開原先的團體，還是要留在現有的教育體制裡？何者才能讓孩子獲得應有的學習權利？

還有，自學模式要持續到哪個階段？

國中、高中、大學……有一天，孩子終究必須回到一般的教育體制內，回歸相關的升學、考試與評量，到那時，是否會再次遭遇困境？

量身訂作「輸入」與「輸出」
——學障兒也可以是績優股

學習障礙孩子的困境

「跟你講了這麼多遍，就是學不會。為什麼這麼不受教?!」可勤的學習狀況很糟糕，大人把一切都怪罪到她身上。可是，可勤實在也搞不清楚自己的問題。沒有人願意接受自己是笨蛋，但是如果不這麼解釋，她找不到其他的答案。

「我真的很努力，但為什麼結果是這樣？」沒有人曉得可勤怎麼了，連她自己也不知道。

周圍的大人總認為她不努力、不認真和不專心，怪不得別人，所以一直用罰寫的，罰寫到她懂了、努力了為止。

如果學得來、讀得懂和記得住，誰不想如此？偏偏以老師的教法，可勤就是學不來。

理解、陪伴與協助學習障礙孩子

別害怕孩子的學習「停損」

投資時，我們往往害怕停損，因為面對停損就得承認自己的失敗，但停損卻是必要的考量。同樣地，當孩子有閱讀障礙、書寫障礙，父母心裡難免也有相似的人性折磨，終究希望孩子學習的趨勢能持續往上攀升，就如同手中持有績優股，令人安心、穩定。

但是，切記：**孩子不是笨、不是能力不佳，也不是學不來，只是並不適合用文**

字閱讀的管道進行輸入學習，不適合用書寫的模式進行輸出表達。

你擔心，孩子更憂慮；你恐慌，孩子更害怕

看見孩子的學習狀態一直往下墜，我們便花更多時間、精力與心思，一心想要讓孩子往下落的學習情況獲得支撐。的確，我們耗費了許多心力，但不要忘了，對於孩子來說更是痛苦的折騰。

可以這樣想：長期面對自己不擅長的事情，怎麼可能有好的情緒狀態？如同加權股價指數不停往上漲，你卻發現手中的股價一直往下跌，你的感受與孩子的困惑與恐慌是相同的。

把孩子的學習看成一種投資的隱喻，道理是相同的，反映的都是人心。

穩固孩子對學習的自信

如同在投資時，得適時留意手中股票的表現，經研判後，確認持股表現不佳，必要時，設停損出場、重新換股操作也是一種選擇。關於學習障礙孩子的學習自

信，我們也得適時留意。若花在A的學習方式始終沒有起色，孩子的自信顯得搖搖欲墜，這時可以換個學習方式，例如B、C、D、E等，重新調整自信持股的學習內容，讓孩子的時間、精力與心思，投資在能夠產生自信績效的活動上。

若孩子在閱讀上投入了相當的時間成本，但是閱讀的情況不理想，我們必須檢視孩子的自信能力，是否因此而每天「跌停板」，一直崩盤。

別讓過多的挫折讓孩子在學習上的股票下跌，最後如同壁紙。

投資的目的是想要長久穩定地獲利，使未來的生活無憂無慮。學習，我想也是類似的道理。

花同樣的時間，如何讓孩子學得更快樂？

孩子花了好幾個禮拜，甚至好幾個月，終於慢慢學會寫一些字，看似有一些書寫上的進步，但是，投資報酬率好低好低。

投入的時間也是成本。其實原本可以運用這些時間，讓孩子透過打字、口說的方式整理腦中的想法，並且有效地輸出表達，這有助於孩子對學習產生自信、興趣及動機。

讀與寫確實是非常基本的能力，但是讓我們先停下來，冷靜地思考：**讀與寫的真正目的與用意，到底是什麼？不要為了讀而讀，也不要為了寫而寫。**

根據孩子的能力，機動組合輸出方式

若孩子在文字閱讀上非常吃力，那麼例行的考試、評量，可以選擇用「**報讀**」的方式進行。

也就是說，根據不同孩子的閱讀能力狀況，可以進行不同的排列組合。假設報讀的占比是百分之七十，那孩子自行閱讀的部分可能是百分之三十。

由於每個學障孩子的異質性，閱讀能力也不一樣，可以採取比較機動的排列組合。

閱讀障礙、書寫障礙孩子需要有一些彈性，同時讓他瞭解大人懂他所遇到的困難是什麼，而且願意進行調整、修正，選擇符合他的學習模式，幫助他達到應有的表現。

讓孩子瞭解，呈現能力沒有非得用什麼方法不可。雖然自己在閱讀上相對弱勢，但並不放棄，也願意給自己一個機會，能夠調整多少是多少——這樣的態度很重要，能讓孩子清楚地看待自己輸入及輸出的組成方式。

如果孩子是一支績優股，如此將能幫助他忠實地呈現自己的股價，有亮眼的學業表現。

正確觀念：閱讀，是為了能良好表達

閱讀、輸入某些內容的目的，及後續必須做的，就是把所吸收的內容，經過注意、記憶、理解、知覺、知覺動作、推理等神經心理功能處理後，以自己熟悉的方式轉成輸出，說出來、寫出來、創作出來。

就像走進市場，想要料理什麼菜，在腦海裡有大致的輪廓，目標設定明確；或是邊逛邊挑選，也逐漸有刺激與連結，想到今晚可以端出哪一道佳餚。

走進市場，你不會胡亂搜刮一堆蔬果放入購物袋，重重地提回家，然後擺在冰箱裡不拿出來料理，久而久之，冰箱被塞滿，轉動更耗電，東西放久也壞了。

我們很清楚買菜是為了料理（輸出），不是為了堆在冰箱裡。

閱讀的輸入概念也是如此，以輸出為目的，否則存放在腦袋裡不使用，久了，自然而然就忘了。

死記填鴨，根本無法消化

孩子不是鴨子，沒有必要把他整個腦袋填滿，也不必叫他囫圇吞棗。若要求孩子死記，把課本內容全部塞在腦子裡，孩子卻不知道存入這些資料到底要做什麼，就像把一箱又一箱肉類、魚類、蔬果直接宅配到家、存放到冰箱，堆得滿滿的，消化不完。

再次強調，必須讓孩子理解，**輸入的最終目的就是要輸出**。就如同在生活中、工作上，無論用什麼方式轉化，目的在以自己最熟悉的方式運用、產出，好熟練輸出能力。

當孩子懂得以適合自己的方式提取腦中的想法，對於所接觸的事物，也將產生更多樂趣及動力。

你的看見與肯定，帶給孩子動力

——友善對待的重要性

學習障礙孩子的困境

在原班教室裡，沒有人想和自己講話，因此一下課，偉良就會跑到資源班，尋找同溫層的友善對待。

在這裡，除了學習障礙的同學外，還有注意力缺陷過動症、智能障礙、自閉症、亞斯伯格症、選擇性緘默症和妥瑞症等情況的同學。每個孩子都有自己的狀況，誰也不會取笑別人。

學習障礙

——逃不出的學習噩夢

在這裡，偉良內心感受到滿滿的溫暖，終於感到自己能夠被接納、被支持，以及被看見，至少不像隱形人般被忽略或成為被嘲笑的對象。而且，同學們往往會主動和自己聊天。

「偉良，你怎麼有這個？好特別的圖案啊！」小格兩眼睜得大大的，很訝異。

「這是我畫的寶可夢卡片。」

「哇塞！畫得這麼像，我還以為這是印出來的。」

「我可是一筆一畫慢慢畫的。而且我跟你講喔，這個名字是我自己想的。」

「難怪，我總覺得這個名字沒聽過。你真的好厲害。」

「沒有啦，我只是看得比較多而已。」被小格誇獎，偉良的臉像蘋果般紅透。

「可是……可是……你不是不太會寫字嗎？」

「我是有很多字不會寫，字就是照抄而已。但我看得懂圖喔。」

「這也很厲害啊！崇拜崇拜，偶像偶像。」

「哇，你畫的是什麼？」資源班老師靠過來，「你畫得好逼真，好用心。老師看得出來，你觀察得很仔細喔，把每種用色和配色，還有輪廓、細節和構圖都畫得唯妙唯肖。」

被老師這麼一誇，偉良的臉又紅起來。

要把這些圖好好地構思出來、畫下來，實在很不容易，至少偉良做到了。

只不過，畫畫的能力，在原班沒有人會特別注意，還常被導師當眾糾正：「你畫這些亂七八糟的東西幹麼？該寫的字、該讀的書，老是學不會。畫這些東西能當飯吃嗎？簡直是莫名其妙。」

對於導師的不以為然，偉良心裡很不服氣。「你才莫名其妙！你根本不懂這些東西！」

導師對自己的畫作沒興趣，但在資源班，自己會被接受、被看見，也被肯定。

理解、陪伴與協助學習障礙孩子

讓孩子看見自己的亮點

每一個孩子都有值得被肯定的地方，我們不妨試著從一些小地方回應，讓孩子有機會看到自己最獨特的部分。

試著接納每一個人現有的特質，每個人的生活、生存和意義都不盡相同。我們大人怎麼思考，也決定孩子怎麼看待自己。

請不要和孩子強調讀書、寫字不重要，讀寫能力當然很重要，無庸置疑。不過，我們還可以讓孩子知道，**除了閱讀、寫字之外，也有其他方式能瞭解這個世界，只要找到符合自己的方法，不見得一定得選用哪一種模式**。

學障兒不是生病，是神經心理功能異常

提醒自己，**學障孩子不是生病，而是出現神經心理功能異常**，例如注意、記憶、理解、知覺、知覺動作、推理等認知歷程的運作不同。

每一個人都有各自存在於這個社會最適合的方式。

請將「非得如何不可」的想法拋開。我們給了孩子太多框架與設定，真的必須跳脫這樣無理的要求。

請允許每個孩子在輸入或輸出上，有屬於他的學習方式。跳脫出每個人都得一樣的模式，尊重每個孩子獨特的能力。

孩子沒有錯，絕對沒有錯，不要再過度強調孩子不努力，愈說，只會讓孩子愈容易自我放棄。

學障兒不擅長學習，就像有人就是不會畫畫

我很慶幸，在一般的教育體制中，考試並不是用畫畫決定的。我們家六個人，說起畫畫，我確定是在家中排行最後的。

在家裡，我母親、太太和三個小孩，隨手拿起筆，大概都可以畫出個樣子。而我年過半百，依然只會畫火柴人，可能連兩三歲的孩子都不如。

不會畫畫，對我的人生有什麼影響嗎？一點也沒有。

比較幸運的是，我的弱點並不是教育體制強調的項目。然而，學障孩子的運氣就沒那麼好。

有些孩子在書寫上的確有困難，有些筆畫、有些字，提取沒那麼容易。寫出來的字，自己看不懂，別人也看不懂，就算再寫第二次，寫出來的可能還是不一樣。這麼痛苦的提取、這麼痛苦的書寫，這些孩子卻想躲也躲不掉。

對於畫畫的無能為力，我雙手一攤，笑笑就算了。但是，無法順利書寫的孩子

學習障礙

——逃不出的學習噩夢

很難笑一笑就沒事，因為會遭到同學冷嘲熱諷，沒有人想要跟他走得近。

在班上，大多數同學的紙筆測驗分數，大概是他一學期幾個分數加總都還達不到的高度。

書寫這麼困難，到底出了什麼問題？這也是我們必須要仔細看待的。有些孩子的書寫表達就是有困難，就如同要我透過畫畫表達內心的想法、對事情的看法，我只能舉雙手投降，而且是長久的投降，因為除非哪一天開竅，否則我真的做不到。

對孩子，找回你我的「包容心」

沒有任何人是一模一樣的。也沒有所謂的正常、不正常。二分的世界多乏味，也沒人味。

覺得自己跟對方相同或不同，關鍵在於「我們比較的到底是什麼」。你認為的一樣、正常，從另外一個角度來看，可能正好相反。我們都太過相信自己所看見的，卻忽略每一個人在各自的視角上可能有盲點。

我喜歡吉竹伸介的作品，其中，《看得到？還是看不到？》（みえるとか みえないとか，三采出版）這本書，很適合作為融合教育的讀本，與孩子分享，也很適合一般老師與父母閱讀。

透過這本書，我們找回了久違的包容心，以及接納身旁和自己不一樣的孩子。不一樣，又怎樣？有時我們以為是對方的限制，卻忽略了他們所具備的優勢。對於他人的弱點，我們往往不以為然，太容易以自我的標準評斷他人的價值，卻忽略這可能是源於自己視野的狹隘與心態上的限制。

第六章

學習障礙孩子的特殊需求

老師，請別再說「不公平」
——學障兒應有的特教權益

學習障礙孩子的困境

面對第一道題目，允勝就卡住了，實在不知道接下來該如何是好。

「怎麼辦？第一題就卡住。」

眼見其他同學在考卷上唰唰作答，允勝緊張地搔著後腦勺。常常像這樣，對著題目，讀著讀著就卡住。

「好吧，先放棄這題，跳到後面的題目看看。」

第二題……算了。直接跳到第四題，看到一半，視線掃到第七題，看了後半段，再跳到第八題中間……最後，他索性將頭埋在考卷裡。

「現在在考試欸，允勝，你在幹麼？頭抬起來。」老師在講台上用力拍打著課本，但允勝依然沒有抬頭，心裡在想：「卡住了，卡住了，卡住了。」

他一直很納悶，為什麼別人可以這麼快速地一題一題作答，自己卻容易卡在題目之間。這種卡住的感覺，就像喉嚨裡卡了一顆堅果而窒息一樣，很難呼吸。但沒辦法，無法解題就是無法解題。他花了好多時間和心思，無奈的是面對題目，他就是不懂題目到底是什麼意思。

允勝有讀寫障礙，但是，老師對此不以為然。

同學們繼續作答，只有自己沒有進度。

「算了。反正每次結局都是一樣，再怎麼耗時間，結果都一樣慘。」他已經預見悽慘的後果。

每次都是這樣：成績不及格，在班上的排名墊底，除非那次考試有人請假沒有來。

學習障礙

——逃不出的學習噩夢

想像一下，當孩子卡住，無法繼續閱讀考試的題目，若繼續暴露在這樣的狀態，會讓他多麼煎熬——花了時間，但是回答不出來，不會就是不會。「放棄」是唯一、也是不得不的選擇，雖然身不由己，又能如何。

在此，我要再次強調：這些限制，並不是孩子自己願意的。不要再怪孩子。因為這不是態度的問題，而是「神經心理功能異常」的問題。

大人的一聲「笨蛋」，不但沒辦法解決孩子的難題，反而會把他推到深谷底。

理解、陪伴與協助學習障礙孩子

學障兒承受著巨大的學習壓力

孩子的態度消沉，我們必須試著釐清是否存在認知歷程的問題，不要只是一味地在「態度」、「認真」或「專注力」上打轉。如果沒有辦法進一步地清楚化解關鍵問題，而一味地誤解是孩子的學習態度有問題，孩子當然會愈來愈消沉。

每個人都需要喘息，都需要一個可以接受自己狀態的學習環境。在不友善的學習環境中，孩子被迫配合大家，一旦學習不來，就得承擔代價與後果——成績墊底。

然而，我們無法看穿孩子的腦袋是如何運作、如何思考，以及他在整個學習歷程中到底遇到什麼狀況。

因此，別只看考試分數的高低，這對於瞭解學習歷程的幫助相當有限。不過，我們可以試著拆解孩子寫考卷、作業、評量的作答方式，這有助於瞭解他的認知歷程如何進行。

我常常建議家長，孩子考完試後，請老師幫忙，在要求孩子進行訂正之前，先將原始考卷拍下來。

把考卷蒐集起來，從中瞭解、評估孩子正確答題與錯誤答題的內容，有助於知道孩子的困難點是什麼。

從分數的波動，看見孩子的困難所在

每個孩子學業分數的波動不同。有些孩子在每一個小單元能夠獲得高分，然而當這些單元組合起來，例如期中考、期末考等大範圍考試，就明顯考得不好，問題點明顯在於「彙整能力」出了問題。

如果以數學當例子，單元1-1獲得高分，單元1-2獲得高分，接著把1-1、1-2做一次綜合練習，在學到單元1-3之後，再把1-1、1-2、1-3綜合起來……如此，逐漸增加範圍。透過這個過程，讓孩子慢慢熟悉愈來愈大的範圍，同時能瞭解是否因為範圍拉大，而容易在提取記憶上出現困難。

以國語為例，孩子獲得七十分，分數的組成主要是選擇、是非和連連看，所得到的分數大都落在不需要書寫文字的題型。至於錯誤被扣的分數，例如造句與作文，就必須思考是否需要進一步地加強組織能力。

再次強調，每個孩子的情形不完全相同，需要逐一按照每個孩子實際的狀況進行瞭解。

你可能擔心自己實在無法解析考卷、作業、評量等輸出的內容，怎麼辦？關於進一步作答的解析，可以尋求學校的資源班老師、心理評量人員及醫院的專業人員，例如職能治療師、語言治療師、臨床心理師及相關的醫師，比如兒童心智科、復健科、神經內科等醫師協助。

【在原班】 考原班的考卷	【在資源班】 考原班的考卷
【在原班】 考資源班的考卷	【在資源班】 考資源班的考卷

特殊需求孩子的考試，有四種情境

關於特殊需求孩子的考試，可以畫出一個「田」字，分成四宮格（如上圖）。

這四種情境考量的主要需求不盡相同。每種選擇的考試內容與考場的安排，必須考慮到孩子實際的身心特質。這都需要我們非常細膩地考量，給予孩子不同程度、不同內容的協助。

◎在原班，考原班的考卷

這種狀態主要是考量孩子在應考上不需要特殊協助，而採取與一般同學相同的要求辦理。在這種情況下，孩子憑自身的能力、努力與準備等做出表現。

◎在資源班，考原班的考卷

例如閱讀障礙孩子，因閱讀上的困難而需要報讀服務，便會做這樣的安排。或者孩子有書寫障礙，需要透過其他方式進行評量，比如口頭報告或用電腦打字，也會選擇在資源班考原班的考卷。

妥瑞症孩子在考試期間容易緊張、焦慮，在原班考試時，很容易出現不自主的抽搐、發出聲音，或因為過度緊張，不時出現tic動作。除了造成自己極度焦慮，也會對考場秩序產生干擾，因此，有些孩子會被安排到資源班或輔導室進行考試。

由於孩子的程度可以應付班上的課業要求，所以所填寫的考卷與原班是一模一樣的。

◎在資源班，考資源班的考卷

主要考量到孩子學科能力的不足，因此由資源班老師設計考卷內容，在考試的過程中抽離出來，到資源班應考。

◎在原班，考資源班的考卷

在原班考資源班的考卷，主要是因為孩子的認知程度相對比較弱，在考卷內容的設計上，需要經過調整。如果考原班的考卷，孩子會有明顯的挫折感，同時作答的錯誤率很高。

為了提升自信，且以符合孩子程度的需求設計，因而讓他寫資源班老師特別設計的考卷。

例如有些特殊需求孩子，對於別人看自己到資源班考試的異樣眼光敏感，或者抗拒到資源班考試，不想和別人不一樣，認為應該留在原本的教室考試，而選擇在原班考資源班的考卷。

看見孩子的真正需要，才能接近公平地善待他

閱讀障礙孩子在安置輔導上，針對考試方面，最常提出的需求是接受報讀服務。報讀服務在執行過程中，往往由資源班老師、校園志工或教師助理進行協助。

但有些普通班老師認為報讀不公平，「為什麼其他孩子是直接進行紙筆測驗，這位同學卻要給他特別待遇，幫他報讀？」

什麼叫公平？

如果孩子在閱讀上就是出現困難，我們又如何要求他透過一般的模式進行考試、評量？那公平又何在？

老師願意接受閱讀障礙孩子需要報讀的服務需求，孩子就有機會展現他所具備的能力，而且可以被合理地評量出學習成效，這也是一種極趨近公平的對待。

教育工作者真的不能覺得多一事不如少一事。不能只期待教到聰明、好教的孩子，卻對於有特殊需求服務的孩子心生排斥、嫌惡或畏懼。

若我們能夠看見這些孩子的真正需要，在心態上，也比較容易傾向讓孩子獲得應有的權利。

學障並非單純是專注力問題
——及早發現異樣，把握黃金時機

學習障礙孩子的困境

「不要再叫我寫，我不要再寫了！」信宏把作業簿整個撕開，紙張撒滿地。

「你在幹麼？只是叫你寫字，氣什麼氣？」媽媽氣急敗壞地說，「你給我撿起來！」

但是信宏不為所動。

「你這個孩子愈來愈不像話！」

學習障礙

——逃不出的學習噩夢

信宏變了。在媽媽的印象中，溫和、乖巧、貼心的小男孩，曾幾何時變得很不耐煩而浮躁。不再是進小學前，那個聰明、開朗、活潑，對事物充滿興趣與好奇的孩子。

如此的轉變，卻有跡可循。

依照規定，幼兒園是禁止教注音符號的。但是學校往往採取遊戲的方式，偷渡教授注音符號的拼音。

信宏還在念幼兒園時，老師就發現不對勁，提醒家長要稍微注意他在學習注音符號時，拼音與辨識不是很理想。不過，爸媽聽了不以為意，心想進國小之後，有十週的時間，老師會教注音，到時再學也來得及。幼兒園階段就好好玩，快樂學習最重要。

然而，小學的十週過去之後，一年級的琇嵐老師眉頭深鎖，納悶地問媽媽：「幼兒園以前沒有教拼音嗎？其他小朋友都已經跟上進度，怎麼信宏的拼音還是錯誤一堆，連一聲、兩聲、三聲、四聲都常常搞不太清楚。」

琇嵐老師觀察到信宏的資質是好的，簡單來說，就是這孩子不笨。看著他的眼睛，骨碌碌的明亮，聰明得很。但為什麼他就是學不來？每回要求他拼音、寫字，他都表現出對立反抗，很反彈。

「媽媽，你們要不要考慮帶信宏去醫院評估，聽聽看醫生怎麼說？否則以他現在的拼音程度，長久下去，對他絕對不會是好事，之後的落差會愈來愈大。我發現面對作業、評量和考卷，他連動都不動。」

琇嵐老師說得很實際。

「教室裡，班上有那麼多學生，我沒辦法只照顧他。但為了信宏的未來，建議你們最好帶他去醫院評估。」隨後，不忘補一句：「我不認為他笨，但專注力似乎有問題。看是不是需要吃藥？」

理解、陪伴與協助學習障礙孩子

剛上小學的前十週

到底要不要讓孩子提前學習注音符號？這是許多父母及老師內心的衝突。

我們希望孩子在學齡前，能夠自由自在地透過不同學習方式瞭解生命經驗，同時透過視覺、聽覺、嗅覺、觸覺、味覺等五種感官的刺激，實際體驗及感受、瞭解周遭的世界。

抽象的注音符號，是否需要在這個階段就提供給孩子？我想，這是許多教育工作者及為人父母者心中的疑問。

比較殘酷的是，一入小學的前十週，孩子就必須以最快的速度瞭解注音符號。有些孩子的學習速度穩定，在這段期間可以順利達到應有的學習目標。但有些孩子並不能那麼順利地在這段期間完成。

在理想與現實之間，有一些拉扯。孩子進入小學前，如果沒有辦法順利學會辨識注音符號，到了小學的普通班級，老師可能無法個別處理孩子進度緩慢的問題。

在這種情況下，孩子會逐漸發現自己與其他同學在學習上，開始出現明顯的落差。拼音、閱讀、識字及書寫出現困難，漸漸地造成學習低成就，壓力因而快速累積，讓孩子開始懷疑自己是不是能力不足。

大班後段，能否朗讀有注音符號的繪本？

實務工作中，我會考量孩子在即將進入小學的大班後段，特別是七、八月這段時間，能否順利朗讀附有注音符號的繪本，以掌握其拼音程度是否足以應付小學一開學的要求。這並非揠苗助長，而是在現實的教育現場，就是會要求孩子具備這些讀、寫能力。

如何在學齡前，嗅到孩子在辨識文字、閱讀方面可能出現的困境？

不妨試著觀察在認識、辨識及指認注音符號的過程中，孩子是否有困難，需要花費更長的時間學習，甚至在注音符號的拼音、書寫上，一直沒有改善。提前的敏感度，有助於謹慎地留意孩子未來進入小學之後，在這方面是否有能力上的障礙。

並非所有問題都在專注力不足

閱讀障礙與書寫障礙，是否無「藥」可救？

注意力缺陷孩子有利他能、專思達、思銳等藥物，可以考慮是否接受藥物輔助，以有效提升專注力品質。除非學科基礎實在落後同學太多，不然專注力獲得改善，學習成效往往有翻身的機會（但我還是要強調，數學不會，吃了利他能、專思達、思銳還是不會，只是比較容易被教會）。

學習障礙
——逃不出的學習噩夢

不過，閱讀障礙、書寫障礙孩子的問題，並非單純是專注力問題。有些孩子在符號辨識、解碼、理解、記憶與提取上，明顯有困難。對於橫、豎、撇、點、捺、鉤、折等筆畫，簡直像遇見被貓咪調皮玩耍後的毛線球，糾結成一團般的混亂，這種情況，不單是維持專注力便可以順利讀寫。

同樣地，也絕非只要告訴孩子「認真一點，仔細看，好好寫」，他就開竅了。

別錯過黃金期的介入

有些孩子很容易因為被大人忽略了學習障礙特質，持續地進行無效學習，長期下來，導致學業上的低成就，造成學科基礎能力明顯不足。

可惜的是，雖然這些孩子最後取得學習障礙的特教身分，班上老師也做了調整，但除了原本的聽、說、讀、寫、算問題之外，在學科基礎上落後非常多，到後來，縱使調整學習策略，學習進度也始終毫無起色，短時間之內很難追上來，久而久之便放棄了。

老師認為，「我已經做出調整，也改變了教學方式，還允許你用報讀、聽打，怎麼你還是沒有辦法表現應有的水準？」

孩子也開始質疑，甚至於確信：「我就是笨，我就是糟糕！我想我永遠就是這副德行。」

學習障礙孩子最可惜的是，他們的問題長期以來都被忽略，漸漸深陷學業低成就的洞底，愈到後面想要拉他一把，難度變得更高。

孩子原本是有機會的。如果我們夠敏銳地在適當時機發現異樣，以及實際存在的聽、說、讀、寫、算問題，並且給予適切協助與調整，孩子應該有機會逐漸追上應有的學習進度，同時燃起內在學習動機，慢慢瞭解學習的方式可以很多元。

但是我們錯過了這些關鍵時刻，孩子便慢慢地放棄自己。

要學障兒「和大家一樣」，是強人所難

閱讀障礙孩子很無奈，明明很仔細看，但筆畫的排列組合如同天書，他看不出所以然。

在這種「我不認得字，字不認得我」，彼此也沒有想要好好認識的情況下，大人們又不時催促「好好認真，好好努力」，的確是強人所難。

你說：「不然怎麼辦？該學的還是得學啊，否則怎麼應付功課？」

學習障礙

——逃不出的學習噩夢

我們總覺得孩子得迎合、配合現行教育體制的要求。這很現實，孩子躲不掉，因為不管有什麼神經心理功能異常，我們就是要求他得和大家一樣。

所以，別再要求「大家都一樣」。學習障礙孩子的辛苦，往往就是由此而生。

請給予符合孩子的學習方式，不要再執著。這種執著，不只辛苦孩子，也辛苦大人自己。人生真的不是非得如何不可。

別再為難孩子，也別再為難自己。

讓孩子知道，我們正和他一起尋找屬於他的學習方式。天下無奇不有，方法是人想出來的，學習的管道與呈現方式也是人設定的。

這條路不通，並不等於其他的路也不能走。如果你願意接受人生的道路有很多條，學習的道路也是一樣。

先求有，再求好

我們希望孩子逐漸找到自己的模式，就像我在創作一樣，也逐漸找到了最適合自己的方式。

我常常和讀者分享自己的創作，先用語音輸出的方式，將腦海裡的東西大量輸出，能夠先讓自己安心。就像確定冰箱裡已經塞滿許多食材，接下來就是好好料理、潤飾、排列組合，再神奇地端出美味佳餚。

我的思考轉速很快，想法很多，但是手寫速度非常慢，會讓我原本的思緒產生停頓。電腦打字的速度快很多，但我需要情境，例如平穩的桌面、特定的光線，這對我來說很重要，也很關鍵。帶著筆電到處移動，並沒有辦法讓我達到最好的寫作狀態。

試著找到最適合自己的方式，不要一概而論。

先求有，再求好。

找出孩子問題的癥結點，相對優勢與弱勢的能力，再慢慢地以不同比例的搭配進行輸出。

再次強調，孩子不是不需要寫字，但可以不用百分之百都用寫的方式輸出。例如百分之八十說、百分之二十寫，或百分之四十說、百分之六十寫。

這個百分比可以隨著孩子的狀態做調整，重點是找到一種最適合他的組合方式，這才是關鍵。

動輒得咎，別踩到那條「火線」

——學習障礙與亞斯之間的鑑別

學習障礙孩子的困境

「這位同學，上課了，你怎麼還在走廊上晃來晃去？趕快回教室上課。」對於學務主任的提醒，少廷一句話也沒回應。學務主任又說：「我在跟你講話，眼睛怎麼不看我？」

少廷的眼神四處飄移，透著焦慮及不自在。

「趕快進教室上課，不然主任帶你回教室。」

話一說完，學務主任瞬間拉住少廷的手臂。少廷奮力甩開，並且尖叫起來。

「不要碰我！」

犀利的叫聲引得教室裡的同學紛紛往窗外看。

「你這孩子怎麼搞的？誰像你這樣蹺課不進教室的。現在馬上給我回教室！」學務主任拉高了音調。在這個校園裡，敢違逆他旨意的孩子少之又少。

少廷又尖叫起來，「啊……啊……啊……」高八度的尖銳叫聲讓主任感到耳中一陣刺痛。

少廷隨即往操場旁邊的大象溜滑梯跑過去，躲了起來。

「這孩子到底是哪一班的？」

主任剛才沒有特別注意孩子的學號，心裡在想到底要不要追過去。火氣已被撩上來，深怕如果衝過去，在拉扯的過程中，可能會產生衝突。但是基於校園安全的關係，又不可能在上課時間，讓一個小學生躲在溜滑梯底下。

在追與不追的兩難抉擇下，主任心想：「明明有學生不在教室裡，為什麼任課老師沒有出來找？如果發生校園安全的問題，到時候又要推給誰負責呢？」

大象溜滑梯底下，少廷把頭埋在外套裡，內心很矛盾。他知道這堂是數學課，但非常討厭常常糾正他「這題錯」、「那題不對」的數學老師。

他原本並不排斥數學，但因為不喜歡數學老師，在「非黑即白」的固著性作祟下，最後的一念之間像開關切換，索性不回教室。

然而，他又很擔心沒在教室上課，老師會傳LINE給爸媽，回到家又要被限制玩手機。

在上與不上數學課之間，少廷心裡面的小劇場一幕一幕地連續放映著，心裡很紛亂。

學習障礙

——逃不出的學習噩夢

理解、陪伴與協助學習障礙孩子

學障兒伴隨亞斯元素

實務上，常常在亞斯伯格症孩子身上發現同時伴隨著學習障礙的問題。

有些孩子在課業學習上，無法完整表達或不願意說，但是在日常生活中或對於感興趣的話題，則說得頭頭是道，不僅組織能力完整，詞彙的使用也很豐富。這點在亞斯伯格症孩子身上更是明顯，在敘述他感興趣的領域，例如天文、動植物、交通工具、恐龍等，他們所使用的字眼有時甚至超出我們的理解。

◎非黑即白的「二分法」

孩子的數學成就在班上持續墊底，雖然數學成績不好，基礎概念薄弱，但並不等於有數學障礙。

在亞斯兒身上，很容易因為討厭一個人，進而討厭這門課，而將學習的大門關閉起來。

這些孩子對於人、事、物，很容易採取非黑即白的二分法：不是接受，就是完全排斥。而且對於厭惡、排斥的事情很容易擴散情緒，比如原本只是不想上數學課，進而整個上午、整天或整個禮拜不上課，最後甚至完全不願意到學校去，會有這種極端反應。同時對於自己相對較弱的能力，也往往以偏概全地把學習動機的鐵門完全拉上。

學習障礙

——逃不出的學習噩夢

◎關注「跨情境」的表現

再次提醒大家，要回歸孩子基本的聽、說、讀、寫、算等基礎學習能力，進一步觀察，**假如孩子的確有學習障礙問題，你將看到跨情境問題的存在，也就是他對於特別感興趣的內容，還是會遇到困難**。

學習障礙的問題通常比較廣泛，亞斯伯格症的問題則比較針對特定狀況，例如孩子不接受數學老師，產生排擠，接下來對於數學的相關作業、考試及評量等，接觸的意願也明顯降低。

這是否就代表孩子的數學能力和基礎不好、有狀況？答案先暫時予以保留。孩子長期不願意接觸課程，確實會導致在數學的基礎概念上，容易明顯地落後同學，不過這不等於他的聽、說、讀、寫、算有問題。

◎是否有關鍵的「固著性」？

至於孩子是否出現書寫障礙？若發現孩子對於感興趣的特定議題能夠充分寫下來，但是對其他不感興趣的領域不願意作答，或者是寫得意興闌珊，就必須把焦點擺在是否在興趣上產生固著性。這部分的解讀偏向亞斯伯格症的議題。

學習障礙與亞斯之間的鑑別，後者有固著性及社交上的困難。而學習障礙的社交困難主要在於因學習低成就，導致可能被同學排擠，並不全然出現像亞斯伯格症那麼明顯無法解讀或是錯誤的解釋。

同時，亞斯兒的固著性很明顯，學習障礙則沒有類似的情況。

◎釐清「輸出」與「輸入」的情況

亞斯伯格症孩子通常對於特定或感興趣的議題能夠侃侃而談，口語表達、詞彙運用與邏輯推理等非常完備。如果採取錄音或語音輸出的方式，有如出現一篇又一篇完整的文章。有的孩子也可以透過書寫把內容寫下來，或透過打字完成一篇文章。這種情況下，孩子的輸出能力並無明顯的異樣。

再進一步觀察孩子在學習過程中，大都透過什麼樣的方式進行輸入，是圖片、影像、文字或聽覺輸入？試著釐清孩子的輸入模式，是否比較依賴或擅長某些管道。

再次強調，這些模式沒有絕對的好壞，只是要藉此讓我們能夠抽絲剝繭地瞭解實際狀況，並不等於要孩子一定得用什麼樣的方式進行輸入。

雖然在發展上，文字閱讀非常重要，但教育並非只有閱讀文字。學習障礙孩子有其中樞神經系統的特殊性，甚至於終其一生，在某些方面可能都非常吃力，而無法達到應有的水準表現及期待。後天腦傷導致的學習障礙則有所不同，比較會出現改變，特別是在腦傷逐漸恢復的時候。

◎亞斯兒與學障兒的共病

有些亞斯伯格症孩子同時伴隨著閱讀障礙、書寫障礙。在整個陪伴過程中，難度相對地提高許多。

亞斯伯格症孩子對於不容易挑戰的事情，往往採取迴避。同時，因為固著性，導致他們對於不擅長、不熟悉和不感興趣的事情，產生明顯的排斥，對於被要求也會產生極度的反感。並且容易以偏概全，將厭惡與喜好採井水不犯河水的二分方式切割出來，並擴散出去，演變成喜歡的就愈喜歡、討厭的就愈討厭。

◎亞斯兒照自己的內定程序走

亞斯伯格症孩子希望能按照既定的上課流程走。例如原本我們希望將一些課抽離出來，讓孩子進行閱讀、書寫訓練，但是除非這些課程原本就已經照表操課，孩子會比較能夠接受，否則要他從原班抽離，孩子會產生抗拒，因為這打破了他的固著性，且他又得花時間適應與相關老師之間的互動。

對於雙重障礙的孩子，例如亞斯伯格症與學習障礙，在介入上，得先從亞斯伯格症的關係建立為主。若關係沒有建立好，後續要給予一些協助，很容易踢到鐵板，而且是很大一塊鐵板。

三重身分的組合：亞斯、資優與學習障礙

還有一種情況是，亞斯伯格症、資賦優異與學習障礙同時存在同一個孩子身上。這樣的孩子在特定領域上可能更加投入，表現可能非常突出，同時也會因為他的學障問題而打折扣。在這三重身分的組合中，比較容易被忽略的是學習障礙的問題。

學習障礙

——逃不出的學習噩夢

另外一種常遇到的情況是，同時伴隨亞斯伯格症、學習障礙與注意力缺陷過動症。

由於每一種類型的孩子身心特質的組合不一樣，因此對於這類二合一、三合一的組合型孩子，在介入與陪伴上，將面臨放大倍數的挑戰。

診斷是一種溝通，要試著熟悉每一種類型孩子可能存在的特殊議題。關於注意力缺陷過動症，可以參考我的作品《301個過動兒教養祕訣》。亞斯伯格症可以參考《不讓你孤單——破解亞斯伯格症孩子的固著性與社交困難》。資賦優異，可以參考《資優生教養的頭痛問題》。

教養不容易，特別是對於特殊需求孩子的教養，更是難上加難。

對每一種類型的孩子有基礎的瞭解，就比較容易進行彼此的排列組合及鑑別。

「成績那麼好，哪來的障礙？」

——資賦優異伴隨學障的誤解

學習障礙孩子的困境

士達從國小到國中，成績一直都是班上前三名，雖然自知在閱讀上有些吃力，需要爸媽先把內容錄音下來，因為他用聽的比較容易理解，但是課業對他來說並不困難。然而，上了高中資優班之後，一開學，成績就連跌幾個跌停板而墊底。突然間，士達對自己的資賦優異能力懷疑起來。

學習上，他依然需要透過爸媽特別準備的影音補充資料，才有辦法理解學科內容。單純從文字閱讀切入，他很清楚對自己行不通。但因為從小就在班上名列前茅，因此沒有人知道他的閱讀能力有多糟。

學習障礙

——逃不出的學習噩夢

高中的功課量愈來愈多，學科內容愈來愈難，資優班同學的程度比想像中還優秀，個個都是英雄（雌）好漢，自己似乎成了唯一的狗熊。

然而，如果要提出自己患有學習障礙，資優班老師及同學們一定會不以為然地質疑：成績落後，就想要開外掛，爭取加分的權利？

國小三年級時，爸媽曾經向當時的導師反映士達在閱讀上可能存在的問題，卻換來導師在班上對著全班同學訕笑。

「拜託，他哪有什麼障礙的問題，成績這麼好。如果士達有障礙，那其他同學們不就是障礙中的障礙、障礙普拉斯？」同學們聽了都在笑，老師又搖頭，「士達，你爸媽真是窮緊張啊。如果這樣就叫障礙，那我們班肯定是特教班的。」全班又笑了。

但這很難堪，一點都不好笑。

現實是，由於士達的成績在班上名列前茅，所以老師無法理解他到底有什麼問題。在老師的觀念裡，成績不理想的同學才需要到資源班尋求協助，或是到課後班進行課業補救或寫作業。

理解、陪伴與協助學習障礙孩子

學習障礙與學業成就，並不是對等的

請避免認為學習障礙孩子就一定成績不好，或者成績不好的孩子就一定是學習障礙，甚至誤以為成績好的人就沒有學習障礙。

以上這段看起來拗口的話，重點在於學習障礙與學業成就並不是對等的。有些孩子在學業上並非低成就，事實上卻有學習障礙，這點反倒被忽略了，因為有些孩子可能資質相對高，或是父母在私底下做了許多努力。然而，這樣的孩子就不需要特殊教育的協助嗎？當然並非如此。

看待學習障礙孩子，不能單從學業低成就切入。雖然學業低成就往往是發現孩子可能有學習障礙的篩選管道之一，卻也是孩子被誤解的原因之一。

造成學業低成就有很多因素，有待我們進一步釐清，**切莫把所有低成就都解釋**

成學習障礙，否則可能導致許多孩子被忽略，甚至資源不斷被誤用、濫用，反而讓真正有需求的孩子沒有得到應有的幫助，學習障礙孩子很容易因此被忽略掉。

在特殊教育中，有雙重特殊教育學生的身分，即孩子同時有身心障礙與資賦優異這兩種身分，需要思考該如何在課業學習、教學及社會情緒領域等方面，提供協助。

我們很容易直接從學業表現來論斷孩子是否有學習障礙的問題。但這樣的論斷很容易誤判，而將學業成績表現不理想的孩子貼上學習障礙的標籤。事實上，這是兩件不同的事情。

這些孩子和大多數成績不理想的學障孩子剛好相反，他們在課業成績上能夠維持一定水準，老師與父母往往也不認為孩子有什麼狀況。

但孩子實際上卻有聽、說、讀、寫、算等認知歷程上的問題，只是具備資賦優異的條件，可以透過其他相對優勢的能力，取代或掩飾自己相對弱勢的部分。

例如有的孩子在文字辨識上有困難，對某些字的符號特徵無法判讀、辨識，但可以嘗試透過上下文猜測解讀。

你可能有疑問：既然功課都可以維持在水準範圍內，為什麼要強調孩子學習上哪裡有問題？

但我們無法想像的是，這些孩子在學習過程中是非常吃力與痛苦的。我們只看到孩子的成績與結果，卻忽略了在這個過程中，他是多麼困難與辛苦。

其實，孩子可以表現得比目前我們所看到的更加優異。現在所看到的，是打了折扣後的成績。

打了折扣的分數

對於具有雙重特教身分的孩子，例如學習障礙再加上資賦優異，很容易出現一種情形：孩子非常認真地進行課業學習，但所得到的成就，往往比原本預期的打了折扣，也許六六折，也許七九折。

雖然孩子在智能上呈現優異表現，但並不等於沒有遭遇閱讀、書寫上的障礙，他依然在整個輸入或輸出的過程中，承受不為人知的困擾及痛苦。同時，由於輸出及輸入的問題沒有被解決，也沒有被發現，很容易讓孩子的表現大打折扣。

這裡並不是要強調學業成就多重要，但至少要讓孩子能夠好好地發揮應有的能力。

這還是受限於閱讀障礙程度上的限制，花了同樣的時間，卻沒有辦法達到應有的水準，特別是功課量開始變多，更令孩子吃足苦頭。

如果再加上周圍的人和自己同樣是資優，資優特質就無法被凸顯，因為班上同學們的智商都在一定水準以上，考試成績一翻兩瞪眼。這會讓一些孩子一直陷入落後的狀態。孩子自己也想要有像樣的成就，就會不時思考是否該退出資優班，回普通班就讀。

對於爸媽來說，這是兩難的抉擇。因為孩子在資優班，可以學習比較符合他智商程度的內容；而回到普通班級，老師不一定能考量到孩子的學習障礙問題。

躲不掉的無情比較

要讓孩子瞭解，人與人之間的比較不能只剩下課業學習（雖然對高中生來說，這是一直被反映出來的相互評比指標）。

如同在一個班級裡，三十個人排列下來會有一至三十名，孩子可能一直墊底。但回到普通班，與其他人相較，則至少能落在水準範圍內。

資賦優異給孩子帶來好成績，因為孩子憑藉著資賦優異的特質，例如高度的專注力、超細膩的理解能力及邏輯思考等能力，掩蓋可能存在的閱讀困難。

當孩子同時具備學習障礙及資賦優異這兩項特質，學習障礙的問題就很容易被忽略，往往讓這類型孩子的學業表現維持在中等水準，周圍的老師、同學和父母，因而長期忽略可能存在的閱讀及書寫問題。

「我不是愛因斯坦，我只需要一點點天空。」

——貼近孩子的需要

學習障礙孩子的困境

我不是愛因斯坦，我只需要一點點天空。

這是榮浩心裡小小的渴望。

「『永不放棄』這句話說出來，讓我感到好無力。我真的很想放棄。你們一直叫我永不放棄，但我心裡根本沒那把勁。

「要我在這種情況下『永不放棄』，我實在撐不下去。有時，真的很難呼吸。「放棄，或許是一種選擇。你們一直告訴我不要放棄，只要努力，就有成功的機會。這好難好難，不是我消極，而是在現實中，這對我是天方夜譚。

「不要再告訴我愛因斯坦有學習障礙、達文西有學習障礙，邱吉爾、湯姆克魯斯和蕭敬騰都有學習障礙，這距離我好遠好遠。」

榮浩直視著輔導老師，語氣裡蘊含著看似平淡卻又顯得沉重的情緒。

「我不可能成為他們，我連千分之一的他們都不可能是。我只想要當普通的高中生，一個稍微快樂一點的高中生。其他的，我不敢期待。愈多的期待，只會帶來更多失落感及更多傷害。」

細膩又早熟的心思，苦了榮浩，也讓原本想以名人成功的例子激勵他的輔導老師語塞，自評好像用錯了方式，適得其反。

「『永不放棄』有個前提，是你們得考慮我可以學習的方式，讓我透過這個方

學習障礙

——逃不出的學習噩夢

式，試著把多年以來遺漏的、流失的能力，一點一滴地補回來。

「永不放棄，只是雞湯式的吶喊。愈這麼說，我愈想放棄。不要再跟我提那些遠在天邊、可遇不可求，所謂有學習障礙的名人。我不是名人，我只是一個高中生，只想知道自己究竟是怎麼一回事。我是不是一輩子都會這樣？」

輔導老師想說些什麼，但似乎沒有任何適合切入的時間點。此時，榮浩內心的水庫像被開啟放水閥，滔滔不絕地傾瀉而出，讓傾聽的老師略感招架不住。

「換個方式，繞個路，我依然可以像其他人一樣，學習一些事物。縱使只有一絲絲的機會，一絲絲的希望。但是，別再一直提愛因斯坦，我不是愛因斯坦。愈說，只讓我更覺得是一種假象，不會因為你們告訴我愛因斯坦也是這樣，我就比較好過，絕對不會。」

從榮浩的話中，一時讓人難以想像這個高中生怎麼會有學習障礙。

「或許你想要告訴我，每個人都可以找到自己的一片天空。可是，愛因斯坦的天空太大。我的天空沒有那麼高，其實只要一點點，可以遮風避雨；一點點太陽露出來，讓我晒一晒，我就很舒服、很滿足了。」

我不是愛因斯坦，我只需要一點點天空。

這是榮浩薄如紙般的奢求。

理解、陪伴與協助學習障礙孩子

「名人」的例子太遙遠

我們常常為了鼓勵孩子，舉出一些名人的故事作為例子，想要讓他們知道縱使是學習障礙，世界上依然有許多成功的人。原本期待這樣的激勵方式能讓孩子產生一些動能，然而對於部分孩子來說，這些目標對象距離太遙遠，反而讓人感到不切實際。

或許孩子的願望很簡單，只是想要像一般同學，可以自然地學習。

學習障礙

——逃不出的學習噩夢

我們要想一想：藉由「名人也有學習障礙」這樣的刺激，預期孩子達到的成效與作用是什麼？

我們提供諸如愛因斯坦等名人的例子，強調的重點，應該在於他們不受限於一般人、世俗傳統、社會框架所認定的限制，而去開啟自己的亮點，不放棄追求自己夢想的權利。而非強調他們的功成名就。

試著將例子拉回到校園裡，讓孩子知道有哪些學長姊、學弟妹，透過符合各自的學習方式，獲得了學習的改善成效。不需要成績躍至班排、校排前面多少名，只要他們能夠找到替代的輸入、輸出學習模式，就是很好的實例。

對孩子來說，這些人物距離自己比較接近且貼切，也實際多了，孩子想要改變的動機也會比較強。

孩子不必成為愛因斯坦，但我們可以試著將愛因斯坦的學習歷程萃取出來，讓孩子瞭解，每一個人在學習上都可以有專屬於自己的方式，以獲得學習的滿足，達到符合自己學習的期待與水準。

我們不會是愛因斯坦，卻可以成為喜歡目前狀況的自己。

從限制之中，窺見自己的無限

多和孩子分享自己的限制，讓孩子瞭解，每個人在學習過程中，都有自己相對的弱勢。

例如無法閱讀、書寫文字，這些限制或許在日常生活及學習上造成困難與麻煩，但在限制以外，也存在著許多機會，有待我們發現、尋找。

每個人都各有能力，並不會只有限制。或許自己擅長閱讀圖片，對於顏色、音感、空間、設計有充分瞭解。

無論進行任何輸入，最終目的依然在於能夠順利地輸出。

父母與老師，請成為孩子「善意的股東」

學障孩子需要一些能給予支援的「大股東」，而這些持股最大的股東正是父母與老師。

當大人可以善意地接受學障孩子，班上的同學也會合理地看待，並逐漸懂得與瞭解每個人的限制。

坦然接受弱點，誠實面對能力，進而發現可能

建議在教室裡，利用課餘或早自習時間的五至十分鐘，讓孩子們寫下自己在學習上的限制。例如：

我老是記不住。
我真的很容易分心。
天哪，我常常寫錯字。
我常支支吾吾地說不出話來。
一面對空間圖形，我就頭暈。
我真的是天生的數字白痴啊。

寫下自己的限制、弱點，不是要讓孩子看輕自己，愈來愈沒自信，而是坦然接受自己的弱點，誠實面對自己的能力，再一起找出在這個限制以外的無限可能。

我們要做的是把這些限制以外的無限可能，盡情地展現出來，而不是一直在限制裡打轉。

這一點非常重要，只要我們大人具備這樣的概念，我絕對相信對於閱讀障礙、書寫障礙、數學障礙孩子，他們學習歷程的壓力會減緩許多，過得比較順利。

對學習障礙孩子來說，最耗能的不外乎大人在他身上加諸過多無謂的壓力：不顧他的限制，無情且無盡地提出無謂要求，要他像大家一樣，比照規定一起來，假如沒有做到、沒有做好，就是繼續罰寫、罰抄……讓孩子一直耗在他最不擅長的事情上，幾乎貫穿了孩子的壓力支撐線。

但我們必須想想看：這麼做到底是為了什麼？是要激勵孩子的學習動力嗎？聰明的你應該不至於這麼想。

孩子的能力限制就是在那裡，我們卻往他的缺點猛打、朝他的限制踹去。你可知道這些孩子的內心承受多麼痛苦，有多少傷需要進行療癒。

療癒內心的傷是一件大工程。要恢復孩子對於學習的動機與動力，也是大工程。而這兩項工程，原本是可以迴避的。

若我們不停下來，好好地重新調整對待學習障礙孩子的方式，將付出慘痛的代價，最後的結果就是三輸：父母、老師，和最辛苦的孩子。

【後記】

饒過孩子吧！

書的最後，我還是苦口婆心，再次向爸媽及老師們說一聲：「饒過孩子吧！」

閱讀這本書，你會發現每篇文章就像迴力鏢一樣，讀著讀著，不知不覺又繞回我在整本書中所要強調的一件事情：別再為難孩子了，饒過孩子吧！

長期以來，學習障礙（無論是閱讀障礙、書寫障礙、數學障礙或合併）孩子總是被忽略他們源自神經心理功能異常所衍生的，在學習上的困難。

這些孩子在不被瞭解的情況下，總是背負著沉重的負擔，以及高不可及的不合理期待，甚至遭莫名指責。一開始，孩子會透過各種方式表達自己的委屈、不滿與挫折。然而，使盡全力吶喊、掙扎及抗議的結果，卻是一次又一次地被全盤否定。訴求遭到漠視，聲音熄滅了，接著，孩子轉為心灰意冷……

孩子的笑容，隨著達不到課業要求而漸漸消失，取而代之的是漫長時間的情緒低落、沮喪、焦慮和憂鬱。當然，有些孩子也衍生出對立反抗的狀況，以及轉為生氣、憤怒的強烈情緒。

別再為難孩子了，饒過孩子吧！

倒不是說選擇放棄孩子，絕對不是如此。

饒過孩子吧！眼前學習的路如果不好走、不能走，是否我們可以陪伴著他們繞一下路？讓孩子有看到希望和出口的機會，看見眼前一片蔚藍、開闊，屬於自己的一片天空。

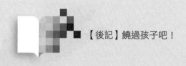

身為大人的我們，請讓自己多些變通，不要再執著了。學習的輸入與輸出方式，真的沒有非得如何不可。為什麼我們不能有更多的彈性，來讓孩子表現出他應有的能力？即便讀寫能力不通，一定還有其他生存之道。

別再強人所難了，饒過孩子吧！雖然，我不知道透過這樣文字書寫的訴求，能夠達到多大的作用，但我還是想要大聲疾呼：請大家重視學習障礙孩子那無人知曉的內心世界。

這本書中，一篇又一篇的寫實故事，在在點醒著我們，學習障礙孩子真的過得好辛苦、好辛苦。當然，我也明白孩子身旁的爸媽何嘗不是如此。

你想像得到嗎？若我們對孩子脆弱的內心撒手不管，隨著孩子從國小一路往國中、高中、大學念去……最後孩子會成為什麼模樣？

想像一下：在大專院校的資源教室裡，那被遺忘的角落，一群學習障礙同學們的自尊、自信，似乎早已消沉在其中。更別說還有深受憂鬱所苦，或者自我傷害、自我放棄的大孩子們。

學習障礙孩子一定有機會融入校園、融入生活、融入社會。他們真的不用過得那麼辛苦，只要我們願意多給這些孩子一些彈性，多看見他們除了在閱讀、書寫、數學上的限制之外，依然有耀眼的能力與展現，並且在人生舞台上發光、發亮。

學習障礙

——逃不出的學習噩夢

坊間已出版許多關於學習障礙的專業書籍，內容主要著墨於閱讀障礙、書寫障礙、數學障礙的理論、評量方式、教學策略及教材教法等。

這類型的專業書籍，主要的閱讀對象為特殊教育老師與相關專業人員。這些專業書籍絕對有它的必要性及重要性，不過對於一般父母及第一線老師來說，相對艱澀些，閱讀的門檻較高。

長期以來，我持續致力於以較淺顯易懂而寫實的方式，讓父母及第一線老師在面對各種不同類型孩子的情緒、行為、社交、心理等議題時，能更理解這群異質性孩子的內心世界，而這也有助於父母的親職管教與老師的班級經營。

寫下這本書，我的切入點在於期待更多父母及老師能夠關注學習障礙孩子「內心世界」的描述。這有別於坊間相關書籍的論述。

無論過去我們如何對待學習障礙孩子——也許受限於對這群孩子狀況的瞭解，或是缺乏特殊教育概念，或面對教學現場的現實、社會上長期以來對於學業的看待方式等——期待讀者透過閱讀這本書，「聽見」當中一篇又一篇故事裡的孩子們聲嘶力竭的無盡吶喊。或許他或她，正是你身旁似曾相識的孩子。

請聆聽他們的聲音吧！期待我的苦口婆心，能夠換來大人們對於這群學習障礙孩子的認識、理解與接納，同時願意調整、修正和改變對待孩子的方式。

請善待孩子吧！

國家圖書館預行編目資料

學習障礙 : 逃不出的學習噩夢/王意中著. --
初版. -- 臺北市 : 寶瓶文化事業股份有限公
司, 2021.10
面 ; 公分. -- (Catcher ; 104)
ISBN 978-986-406-257-7(平裝)
1.學習障礙 2.特殊教育 3.親職教育
529.69 110014475

Catcher 104

學習障礙——逃不出的學習噩夢

作者／王意中

發行人／張寶琴
社長兼總編輯／朱亞君
副總編輯／張純玲
資深編輯／丁慧瑋
編輯／林婕伃
美術主編／林慧雯
校對／林婕伃・丁慧瑋・林俶萍・陳佩伶・王意中
營銷部主任／林歆婕 業務專員／林裕翔 企劃專員／李祉萱
財務主任／歐素琪
出版者／寶瓶文化事業股份有限公司
地址／台北市110信義區基隆路一段180號8樓
電話／(02)27494988 傳真／(02)27495072
郵政劃撥／19446403 寶瓶文化事業股份有限公司
印刷廠／世和印製企業有限公司
總經銷／大和書報圖書股份有限公司 電話／(02)89902588
地址／新北市五股工業區五工五路2號 傳真／(02)22997900
E-mail／aquarius@udngroup.com

著作完成日期／二〇二一年五月
初版一刷日期／二〇二一年十月五日
初版四刷日期／二〇二二年一月二十五日
ISBN／978-986-406-257-7
定價／三二〇元

AQUARIUS 寶瓶文化事業

愛書人卡

感謝您熱心的為我們填寫，
對您的意見，我們會認真的加以參考，
希望寶瓶文化推出的每一本書，都能得到您的肯定與永遠的支持。

系列：Catcher104　書名：學習障礙——逃不出的學習噩夢

1. 姓名：＿＿＿＿＿＿＿＿　性別：□男　□女

2. 生日：＿＿年＿＿月＿＿日

3. 教育程度：□大學以上　□大學　□專科　□高中、高職　□高中職以下

4. 職業：＿＿＿＿＿＿＿

5. 聯絡地址：＿＿＿＿＿＿＿＿＿＿＿＿＿＿＿＿＿＿＿＿

   聯絡電話：＿＿＿＿＿＿＿＿　手機：＿＿＿＿＿＿＿＿

6. E-mail信箱：＿＿＿＿＿＿＿＿＿＿＿＿＿＿

   □同意　□不同意　免費獲得寶瓶文化叢書訊息

7. 購買日期：＿＿年＿＿月＿＿日

8. 您得知本書的管道：□報紙／雜誌　□電視／電台　□親友介紹　□逛書店　□網路　□傳單／海報　□廣告　□其他

9. 您在哪裡買到本書：□書店，店名＿＿＿＿＿　□劃撥　□現場活動　□贈書　□網路購書，網站名稱：＿＿＿＿＿＿　□其他＿＿＿＿＿

10. 對本書的建議：（請填代號　1.滿意　2.尚可　3.再改進，請提供意見）

   內容：＿＿＿＿＿＿＿＿＿＿＿＿

   封面：＿＿＿＿＿＿＿＿＿＿＿＿

   編排：＿＿＿＿＿＿＿＿＿＿＿＿

   其他：＿＿＿＿＿＿＿＿＿＿＿＿

   綜合意見：＿＿＿＿＿＿＿＿＿＿＿＿＿＿＿＿＿＿＿＿＿＿＿＿＿＿＿＿

11. 希望我們未來出版哪一類的書籍：＿＿＿＿＿＿＿＿＿＿＿＿＿＿＿＿

讓文字與書寫的聲音大鳴大放

寶瓶文化事業股份有限公司

（請沿此虛線剪下）

廣 告 回 函
北區郵政管理局登記
證北台字15345號
免貼郵票

寶瓶文化事業股份有限公司 收

110台北市信義區基隆路一段180號8樓

8F,180 KEELUNG RD.,SEC.1,

TAIPEI.(110)TAIWAN R.O.C.

（請沿虛線對折後寄回，或傳真至02-27495072。謝謝）